Das Rotkäppchen-Prinzip

Vera Spillner

Das Rotkäppchen-Prinzip

10 Schritte zu einem unvergesslichen Vortrag, Seminar oder Unterricht

Vera Spillner
Hochschule der Medien
Stuttgart, Deutschland

ISBN 978-3-658-40017-0 ISBN 978-3-658-40018-7 (eBook)
https://doi.org/10.1007/978-3-658-40018-7

Die Deutsche Nationalbibliothek verzeichnet diese Publikation in der Deutschen Nationalbibliografie; detaillierte bibliografische Daten sind im Internet über http://dnb.d-nb.de abrufbar.

© Der/die Herausgeber bzw. der/die Autor(en), exklusiv lizenziert an Springer Fachmedien Wiesbaden GmbH, ein Teil von Springer Nature 2023
Das Werk einschließlich aller seiner Teile ist urheberrechtlich geschützt. Jede Verwertung, die nicht ausdrücklich vom Urheberrechtsgesetz zugelassen ist, bedarf der vorherigen Zustimmung des Verlags. Das gilt insbesondere für Vervielfältigungen, Bearbeitungen, Übersetzungen, Mikroverfilmungen und die Einspeicherung und Verarbeitung in elektronischen Systemen.
Die Wiedergabe von allgemein beschreibenden Bezeichnungen, Marken, Unternehmensnamen etc. in diesem Werk bedeutet nicht, dass diese frei durch jedermann benutzt werden dürfen. Die Berechtigung zur Benutzung unterliegt, auch ohne gesonderten Hinweis hierzu, den Regeln des Markenrechts. Die Rechte des jeweiligen Zeicheninhabers sind zu beachten.
Der Verlag, die Autoren und die Herausgeber gehen davon aus, dass die Angaben und Informationen in diesem Werk zum Zeitpunkt der Veröffentlichung vollständig und korrekt sind. Weder der Verlag, noch die Autoren oder die Herausgeber übernehmen, ausdrücklich oder implizit, Gewähr für den Inhalt des Werkes, etwaige Fehler oder Äußerungen. Der Verlag bleibt im Hinblick auf geografische Zuordnungen und Gebietsbezeichnungen in veröffentlichten Karten und Institutionsadressen neutral.

Planung/Lektorat: Rolf-Guenther Hobbeling
Springer ist ein Imprint der eingetragenen Gesellschaft Springer Fachmedien Wiesbaden GmbH und ist ein Teil von Springer Nature.
Die Anschrift der Gesellschaft ist: Abraham-Lincoln-Str. 46, 65189 Wiesbaden, Germany

Geleitwort von Richard Martin

Eine Story vorab.
Vor langer Zeit lebte einmal ein König. Er hatte drei Söhne und er wusste, dass diese nach seinem Tode sein Königreich aufteilen und regieren würden. Natürlich ging es ihm wie allen Eltern, er wollte, dass sie bestmöglich darauf vorbereitet wären. Und wie alle Könige, wollte er auch das Beste für sein Königreich; dass es nämlich eines Tages regiert würde von jenen, die nicht nur das Wissen hätten, das sie bräuchten, sondern auch die Weisheit, es klug anzuwenden.

Also berief der König einige Lehrer, seine Söhne zu unterrichten. Aber hörten die Söhne auf die Lehrer? Natürlich nicht. Schließlich waren es Jungs – und Sie wissen, wie Jungs sind!

Nun, als der König sah, dass seine Söhne nicht auf die Lehrer hörten, wusste er sofort, was das Problem war. Natürlich lag es, wie immer, an den Lehrern. Also berief er neue Lehrer, die besten, die er nur finden konnte. Und hörten die Söhne auf diese? Natürlich nicht!

Zuletzt verfiel der König in Verzweiflung. Und er blieb so lange verzweifelt, bis eines Tages ein Geschichtenerzähler, ein Storyteller, vorbeikam.

„Eure Majestät, gebt Eure Söhne in meine Obhut!"

Und der König tat genau das. Der Storyteller führte die jungen Männer aus dem Klassenzimmer heraus, er führte sie auch aus dem Palast und nahm sie mit in die Gärten. Und als die vier sich dort setzten, fragte er: „Wollt Ihr eine Geschichte hören?"

„Eine Geschichte? Gerne."

Also begann er: „Nun, vor langer Zeit…" Und er erzählte ihnen eine Geschichte. Es war eine alte Geschichte. Und natürlich hörten die Söhne zu. Sie hörten zu, weil, wie Ihr wisst, jeder zuhört, wenn eine Geschichte erzählt wird. Und am Ende dieser Geschichte, wie Ihr auch wisst, sagten die Söhne: „Mach weiter, erzähl uns noch eine!"

Und so tat es der Storyteller. Er erzählte ihnen viele Geschichten. Einige erzählten von den Tieren, die in den Gärten lebten, einige von Tieren im Dschungel. Als die Wochen und Monate vergingen, lernten die Söhne, zuzuhören – zuzuhören, wie sie es nie zuvor getan hatten. Und die Weisheit, die in allen Geschichten tief verborgen liegt und mitschwingt, wenn wir nur gut zuhören, sank in ihre Gedanken und ihre Herzen. Und als der König sah, was geschah, wusste er – ja, seine Söhne würden nicht nur in ihren Köpfen behalten, was sie wissen mussten, sie würden auch die Weisheit in ihren Herzen tragen, ihr Land gut zu regieren.

Dies ist eine Geschichte, die ich oft erzähle, sowohl auf Bühnen für Erwachsene als auch in Schulen für junge Menschen. Am Ende freue ich mich über das Lächeln auf den Gesichtern, das eine gute Geschichte hervorruft, und erkläre meinen Zuhörenden, dass dies eine Geschichte ist, die erstmals in Indien vor über 2000 Jahren aufgeschrieben wurde, zu Beginn des Panchatantra.

Als mich Vera Spillner bat, dieses Vorwort zu schreiben, wusste ich gleich, dass ich so beginnen würde. Denn dies beschreibt genau, was auch Vera für sich feststellte, als sie an der Hochschule der Medien in Stuttgart ihre Lehre aufnahm: wenn Studierende lernen sollen, dann müssen sie aktiviert und mitgenommen werden. Und nichts aktiviert so und nimmt so mit, wie Storytelling.

Es gibt viele Bücher, die einen Storytelling-Ansatz in der Lehre und in beruflichen Kontexten propagieren. Was also hebt Veras Buch davon ab?

Zum ersten, dass es eindeutig auf ihren eigenen Erkenntnissen im Kontext der Lehre basiert. Die Probleme mit der existierenden Situation wurden identifiziert, Lösungen erdacht, ausprobiert und verbessert: „learning by doing".

Zweitens ist sich Vera ihrer Leserschaft sehr bewusst. Sie schreibt, dass viele, wenn auch vielleicht bedauernd, die Möglichkeiten eines Storytelling-Ansatzes in der Lehre oder in Vorträgen oder Workshops verwerfen werden, da sie meinen, kein schauspielerisches Talent zu besitzen. Dies ist genau auch meine Erfahrung als Leiter von Workshops zum Thema. Zu Beginn denken Teilnehmende oft, sie könnten nie eine Geschichte frei und effektiv erzählen. Doch wenn sie erst beginnen, nimmt die Macht des Erzählens überhand – was beweist, dass Vera völlig Recht hat: dass man dazu nämlich keine speziellen Fähigkeiten braucht.

Drittens ist der Wert von Veras Buch, dass es nicht nur offen solche und weitere Bedenken anspricht, sondern sie auch eine Schritt-für-Schritt-Anleitung bietet, diese zu überwinden und den Storytelling und Narrativ-Ansatz auch professionell anzuwenden. Richtigerweise findet dies nicht über allgemeine Ratschläge statt, sondern basiert immer auf Beispielen aus ihren eigenen Projekten, wenn zum Beispiel eine „Einstiegsgeschichte" in einen Vortrag gefunden werden soll und ähnliches. Diese konkreten Beispiele und Anleitungen helfen den Lesenden, die sich selbst als unerfahrene Anfänger sehen, zu verstehen, wie sie einen storybasierten Ansatz planen und umsetzen können. Und dies mit Mut und Zuversicht.

Viertens noch zeigt die Beschreibung der Ergebnisse, dass ein Storytelling-Ansatz Studierende und Zuhörende nicht nur aktiviert und mitnimmt, sondern sie viel besser auf die Realität des Geschäftslebens vorbereitet als ein traditioneller Kurs dies jemals könnte.

Gibt es also eine Moral? Ja. Lest das Buch und vertraut auf die uralte Kraft des Geschichtenerzählens, dann werdet Ihr und Eure Zuhörenden glücklich leben bis an Euer Lebensende.

Richard Martin ist professioneller Geschichtenerzähler und Lehrer. Er kennt Vera Spillner seit vielen Jahren, erst als Schülerin in seinem Klassenzimmer, später als Musikerin auf gemeinsamen Bühnen. www.tellatale.eu

Geleitwort von Tobias Seidel

*People think that stories are shaped by people.
In fact, it's the other way around.*

Terry Pratchett

Emotionen spielen für das Lernen eine wichtige Rolle: Sie beeinflussen unsere Motivation und lenken unsere Aufmerksamkeit. Gleichzeitig haben sie aber auch Einfluss auf das Speichern und Abrufen von Informationen. Deshalb sollten wir uns als Lehrende oder Vortragende fragen, wie das gezielte hervorrufen von Emotionen zu einer gelungenen Gestaltung von Lehr-/Lernsettings und zur Begleitung der Entwicklung von Kompetenzen genutzt werden kann. Vera Spillner hat auf diese Frage eine eigene – und zumindest für den Hochschulkontext originelle – Antwort gefunden, an der sie uns in ihrem Band teilhaben lässt: Sie nutzt narrative Ansätze, um Emotionen hervorzurufen, zu reflektieren und sie so als Lernchance zu nutzten.

Kompetenzen (im hochschulischen Verständnis) bestehen aus mehreren Ebenen: Auf der einen Seite (Fach-)Wissen und die Fähigkeiten zur praktischen Anwendung dieses Wissens, auf der anderen Seite aber auch motivationale Faktoren, Haltungen und Werte. Gerade letztere Aspekte können nicht direkt gelernt, sondern „nur" unter günstigen Bedingungen entwickelt werden. Das in diesem Band vorgestellte Good-practice-Beispiel – die Verbindung von narrativen Ansätzen mit einem Planspiel im Rahmen einer hochschulischen Lehrveranstaltung – schafft es auf allen Ebenen von Kompetenzentwicklung Wirkung zu entfalten.

Für den Lehrenden oder Vortragenden bringt dieses Setting viele – zum Teil vielleicht auch neue – Herausforderungen mit sich: Wie konzipiere und strukturiere ich ein Planspiel? Wie kann ich narrative Elemente mit Fachinhalten verbinden? Wie kann ich authentisch Teil der Story werden und damit selbst die Bühne betreten? Dieses Buch bietet die Chance einer erfahrenen Praktikerin, über die Schulter schauen zu können und von und mit ihr zu lernen. Folgen sie ihr also „down the Rabbit Hole" und lassen sich von neuen Wegen des Lehrens und Vortragens inspirieren.

Prof. Dr. Tobias Seidl
Professor für Selbst- und
Schlüsselkompetenzen Studierender
Hochschule der Medien Stuttgart

Vorwort: Für wen dieses Buch geschrieben ist

Sie haben nicht gesagt, geh nicht vom Weg ab. Sie haben nicht gesagt, sprich nicht mit Fremden. Sie haben nicht gesagt, halte dich an die gesellschaftlichen Normen. Sie haben Rotkäppchen erzählt.

Dieses Buch richtet sich an alle, die im beruflichen oder privaten Kontext über Themen sprechen möchten, die ihnen am Herzen liegen. Und die wollen, dass ihr Thema ankommt.

Vielleicht arbeiten Sie beruflich viel mit Menschen – im Rahmen von Vorlesungen, Workshops oder Seminaren. Vielleicht engagieren Sie sich an einer Volkshochschule oder müssen einen Vortrag halten in Ihrer Gemeinde oder im Verein? Oder Sie möchten Ihrem Enkelkind Klavier spielen beibringen. Dieses Buch wird Sie unterstützen, ihre Vermittlung von Inhalten neu zu gestalten, Ihren Vortrag, ein Seminar oder eine Vorlesung oder eine Unterrichtsstunde mal ganz anders zu denken. Ich möchte Ihnen zeigen, wie es mir gelungen ist, aus einer sehr akademischen Veranstaltung – einer Vorlesung über Management in einem Verlag, um genau zu sein – eine mitreißende Veranstaltung zu machen, die auch ausgezeichnet wurde.

Das Geheimnis: Machen Sie es zu einem Ereignis. Erzählen Sie eine Geschichte. Lassen Sie Personen auftreten. Erwecken Sie Emotionen. Kompliziert? Kein bisschen. Wie das geht, zeige ich Ihnen in diesem Buch in zehn Schritten. Viel Freude!

Wenn Sie gleich loslegen wollen, springen Sie jetzt zum Kapitel „Einleitung". Wenn Sie zuvor noch die Geleitworte meines wunderbaren Mentors Richard Martin und von Tobias Seidl, Professor für Schlüssel- und Selbstkompetenzen und Prodekan für Lehre an der Hochschule der Medien lesen möchten, dann lesen Sie einfach die Geleitwörter vor diesem Vorwort, wenn Sie sie nicht sowieso schon gelesen haben sollten. Vielen Dank an dieser Stelle allen, die mein Buch unterstützt, redigiert, kommentiert oder inspiriert haben (darunter besonders das IANA): Ihr seid toll :).

Vera Spillner

Inhaltsverzeichnis

Einleitung: Wann Veranstaltungen unvergesslich werden — 1
Eine Bemerkung zur Begrifflichkeit: Narrativ und Story — 7
In 10 Schritten zum Ziel – wie Sie mit diesem Buch arbeiten können — 9
Weiterführende Literatur — 10

Schritt 1: Das Narrativ – Wie Sie einen roten Faden entwickeln — 13
Wie finden Sie Ihr eigenes Narrativ? — 17
Eine Bemerkung zum Spannungsbogen Ihres Narrativs — 20

Schritt 2: Der Aufbau – Wie Sie Ihre Veranstaltung strukturieren — 23
Die Etappen Ihrer Veranstaltung — 27
Zusammenfassung — 30

Schritt 3: Die Charaktere – Wie Sie Emotionen erzeugen — 33
Eine Bemerkung vorab: Braucht es schauspielerisches Talent? — 34
Die Charaktere in meiner Veranstaltung — 38
Beispiele für Selbstvorstellungen der Charaktere — 44
Charaktere werfen Themen auf — 49
Ihre Charaktere erstellen: Typen verkörpern Themen — 52
Ihre Charaktere positionieren sich — 54
Ihre Charaktere im Interview — 58
Konflikte zwischen Charakteren — 60

Schritt 4: Die erste Stunde – Wie Sie gemeinsam ins Narrativ starten — 65
Teil 1 der ersten Veranstaltung — 66
Teil 2 der ersten Veranstaltung — 72
Umsetzung bei einer kurzen Veranstaltung — 74

Schritt 5: Hinein in den Mittelteil – Wie Sie die Geschichte vorantreiben — 77
Der erste Charakter tritt auf – mein konkretes Beispiel im Detail — 78
Das erste Charakter-Interview und seine Chancen — 81
Selbstlernphasen — 84

Schritt 6: Unbequeme Charaktere gestalten – Wie Sie die Spannung steigern — 87
Frau Schäfer mischt die Veranstaltung auf — 88
Reflexion: Menge der Stoffvermittlung in narrativer Lehre — 94

Schritt 7: Expertentreffen einplanen – Wie Sie die Teilnehmenden vernetzen — 97
Auswertung der Ergebnisse im Team — 100

Schritt 8: Das Ende in Sicht – Wie Sie Ziel und Bewertung vorbereiten 103
Prüfungsleistung 1: Das Strategiepapier 105
Prüfungsleistung 2: Der One-Pager 109
Prüfungsleistung 3: Der Vortrag 112

Schritt 9: Das Finale – Wie Sie die Ergebnisse präsentieren lassen 121
Ergebnisse wahrnehmen und bewerten 123

Schritt 10: Der letzte Schliff – Wie Sie Ihre Vorbereitung abrunden 125
Ganz konkret: Den Abschluss planen 127
Abschließende Bemerkung: Alles wie bei Rotkäppchen? 129

Über die Autor

Dr. Vera Spillner ist diplomierte Physikerin, promovierte Philosophin und Professorin im Bereich Mediapublishing an der Hochschule der Medien. Die Lehrpreisträgerin hat als Wissenschaftsjournalistin für Spektrum der Wissenschaft und die FAZ geschrieben, war vormals Programmleitung Physik bei Springer Spektrum, besitzt langjährige Verlagserfahrung in verschiedenen Managementpositionen und war Veranstalterin vieler firmeninterner Events und Fortbildungen. Sie ist Mitglied des Vorstands des Narrationsinstituts IANA der Hochschule der Medien.

Abbildungsverzeichnis

Schritt 3: Die Charaktere – Wie Sie Emotionen erzeugen

Abb. 1	Elisabeth Schäfer, Lektorin (fiktiv)........	39
Abb. 2	Anders Schüffel, Herstellungsleiter (fiktiv)................................	41
Abb. 3	Dr. Zwerg, Vice President Sales (fiktiv).....	41
Abb. 4	Betty Gery, CIO (fiktiv)...............	42
Abb. 5	Leitung e-Products, Corey Sands (fiktiv)....	47
Abb. 6	Frau Schumer, Leitung Customer Service (fiktiv)................................	50

Schritt 4: Die erste Stunde – Wie Sie gemeinsam ins Narrativ starten

Abb. 1	Konferenzraum in der Ravenstein-Gruppe (fiktiv)................................	68

Schritt 8: Das Ende in Sicht – Wie Sie Ziel und Bewertung vorbereiten

Abb. 1	Beispiel für einen One-Pager.............	111

Einleitung: Wann Veranstaltungen unvergesslich werden

Was war die letzte Veranstaltung, der letzte Workshop, das letzte Seminar, das Sie besucht haben? Um welches Thema ging es? Erinnern Sie sich genau an die vermittelten Inhalte, oder haben Sie Schwierigkeiten, sich diese ins Gedächtnis zu rufen?

Woran liegt es, wenn wir uns nur schwer erinnern? Die Erfahrung zeigt: Schuld sind nicht die Inhalte, und auch eher selten der oder die Vortragende. Schuld ist die Form.

Im Laufe meines Berufslebens habe ich verschiedene, auch höhere Managementpositionen in großen Unternehmen durchlaufen, und viele Studierende unterrichtet – an der Universität Heidelberg, Bonn und nun an der Hochschule der Medien in Stuttgart. Ich habe Firmenevents, Workshops, Seminare und Vorlesungen veranstaltet – wobei einige Top waren und andere Flops. Aber einige davon wurden sogar ausgezeichnet – und von allen konnte ich in irgendeiner Form etwas lernen.

Im Rückblick sehe ich zwei zentrale Elemente, die eine Veranstaltung entweder unvergesslich machen – oder zu einem Flop beitragen, wenn man sie vernachlässigt. Zwei Zutaten, die Sie selbst auch leicht anwenden und mit denen Sie Ihre Veranstaltung unvergesslich machen können – bei mir ist es inzwischen mehrfach gelungen. Diese Elemente sind:

- **ein Narrativ, (also eine sinngebende Story, ein roter Faden) und**
- **starke Emotionen.**

Viele Veranstaltungen sind heute noch nicht bewusst daran orientiert. Sie sind noch immer geprägt von frontaler Wissensvermittlung oder von an sich gut gemeinter Gruppenarbeit, ohne dass es jedoch einen klaren roten Faden durch die gesamte Veranstaltung gäbe. So sind die Teilnehmenden danach entweder nicht genügend emotional und aktiv involviert gewesen, um sich an Details zu erinnern, oder sie sehen den Zusammenhang der einzelnen Teile der Veranstaltung nicht und haben deswegen Schwierigkeiten, sich an die einzelnen Teile oder gar das Ganze zu erinnern: Man sieht den Wald vor lauter Bäumen nicht mehr – und auch der einzelne Baum verschwimmt mit der Zeit in der Erinnerung.

Um genau dies zu beheben und Sie dabei zu unterstützen, unvergessliche Veranstaltungen zu kreieren, habe ich diesen Leitfaden entwickelt. In diesem Buch stelle ich Ihnen ein konkretes Konzept vor, mit dem ich bereits sehr gute Erfahrungen sammeln konnte – und das Sie ganz leicht kopieren und für sich selbst und Ihre Veranstaltungen weiterentwickeln können.

Einleitung: Wann Veranstaltungen unvergesslich ...

Das Ziel ist es, jede Art von Veranstaltung, sei es eine einsemestrige Vorlesung oder ein Seminar von einigen Tagen, sei es ein Vortrag an einer Volkshochschule, im Verein oder auf einer Feier, so zu konzipieren, dass es immer einen durchgängigen roten Faden gibt, an dem entlang sich die Veranstaltung bewegt, sodass die Teilnehmenden sich später genau an die Geschichte, die Story, das Narrativ erinnern können. Außerdem ist es mir ein Anliegen, dafür zu plädieren, wie wichtig es ist, die Teilnehmenden emotional zu aktivieren – richtig ins Herz zu treffen, zu schockieren, zum Lachen zu bringen, auch peinliche Momente zu erzeugen. All dies sorgt dafür, dass später die Erinnerung an das Gelernte um ein Vielfaches leichter fällt, weil es unser Herz und unsere Emotionen erreicht hat. Für Ihre Veranstaltung ist das vielleicht auch in anderer Hinsicht hilfreich: Denn wer würde all diese Erlebnisse, die mancher von uns freud-, aber auch leidvoll, im Berufsleben erfahren darf – nicht gerne vorab schon einmal trainiert haben?

Dass Emotionen unser Erinnerungsvermögen um ein Vielfaches stärken, ist natürlich keine Erfindung von mir. Studien zeigen, dass unsere Erinnerungsfähigkeit in der Tat zunimmt, wenn Inhalte uns emotional aufwühlen. Der erste Kuss. Die Beerdigung eines Familienmitglieds. Ereignisse, die uns stark berühren, bleiben detailliert und intensiv im Gedächtnis, während alles andere drum herum verblasst. Das hat etwas damit zu tun, dass mit Emotionen Bereiche im Gehirn wie die Amygdala oder der Hippocampus anders und stärker erregt werden. Wer das, so wie ich, sehr spannend findet und mehr darüber lesen möchte, findet Anregungen in der weiterführenden Literatur am Kapitelende.

Es sind aber nicht nur die Emotionen – es ist auch der übergreifende Erzählbogen, der alles zusammenhält. Wenn Sie nur „Rotkäppchen" hören – fällt Ihnen dann nicht alles zusammen ein? Die Personen. Das rote Cape. Der Wolf. Das Körbchen. Die Großmutter. Der Jäger. Die Geschichte. Wir haben hier alles versammelt: handelnde Personen, große Emotionen, einen Start- und einen Zielpunkt und einen Spannungsbogen, der einen roten Faden bietet, sodass wir alles zusammenhalten und jederzeit wieder abrufen können.

Will man seine Veranstaltung also unvergesslich machen, gilt es, auf unsere so erfahrenen Vorfahren zu schauen – auf die Geschichten, die sie erfanden und weitererzählten – und ebenso ein Narrativ zu entwickeln, einen großen Bogen, der Ihre Veranstaltung zusammenhält, einen roten Faden und klaren Rahmen – ein Gefäß, das die einzelnen Veranstaltungen oder Gedanken, das, was Sie rüberbringen möchten, miteinander verbindet. Kombiniert man das Narrativ dazu mit agierenden Personen, die die Handlung vorantreiben und Emotionen hervorrufen, wird die Veranstaltung die Teilnehmenden noch lange begleiten und ihnen in Erinnerung bleiben.

In meiner hier dargestellten Muster-Vorlesung kommen beispielsweise unter anderem diese drei Charaktere vor. Wie wirken sie auf Sie? Hier haben wir zunächst **Frau Schäfer, Cheflektorin.** Was wird sie uns berichten? Warum schaut sie etwas kritisch? Und was bedeutet das für meine Veranstaltung und die Teilnehmenden?

Und wer ist dieser freundlich dreinblickende Mensch? Ach, das ist der **Leiter der Herstellungsabteilung, Anders Schäfer!** Den möchte man gerne kennenlernen. Mal sehen, wie er die ersten strategischen Überlegungen der Teilnehmenden aufnehmen wird. Aber hat er auch alles, was er braucht, um sie umzusetzen?

Oh, und wen haben wir hier noch?

Das ist der **Leiter der Verkaufsabteilung, Vice President Sales Dr. Zwerg**. Er scheint auf den ersten Blick kein sehr aufgeschlossener Mensch zu sein und eine ganz eigene Vorstellung vom Ganzen zu haben. Was kann man tun, wenn er unsere Meinung nicht teilt, aber hervorragend vernetzt, sehr einflussreich ist und dazu auch noch beste Ergebnisse vorweist? Irgendwie werden wir mit ihm klarkommen müssen – oder?

Spüren Sie in sich hinein – und seien Sie gespannt, was wir mit diesen und weiteren Charakteren anstellen werden – und was Sie mit Ihren Charakteren anstellen können! Personen erzeugen Gefühle – und mit diesen Gefühlen und Gesichtern wird Ihre Veranstaltung unvergesslich.

Wie das ganz konkret umgesetzt wird, ohne graue Haare zu bekommen, das zeige ich Ihnen in diesem Buch im Detail. Ich freue mich, wenn ich damit ein Beitrag dazu leisten kann, dass Ihr wertvolles Wissen nicht verloren geht und die Teilnehmenden sich noch lange daran erinnern werden.

Eine Bemerkung zur Begrifflichkeit: Narrativ und Story

In diesem Buch geht es um Narrative, um Narration, um Stories, um Storytelling… Was bedeuten diese Begriffe und wie unterscheiden sie sich? Im ursprünglichen Sinne waren das Narrativ und die Story nahezu synonym, man konnte sie fast gleichwertig einsetzen. Das geschieht auch heute noch oft.

Im modernen Kontext von Wirtschaft, Marketing und Unternehmen hat sich jedoch eine gewisse Unterscheidung herausgebildet. Ein Narrativ steht heute für eine Vision, für einen Zielpunkt, einen Grund, einen Sinn, einen „Purpose". Ein solches Narrativ findet sich zum Beispiel bei Martin Luther King, wenn er sagt: „all men are created equal". Eine Story unterscheidet sich davon insofern, als sie einen speziellen Aufbau hat: beispielsweise in drei Akten. Eine Story muss keinen

„Purpose" haben, keinen Sinn, keinen Zweck, keine Absicht, keine Moral, keine „Message".

Worum geht es also in diesem Buch, um Storytelling oder die Erschaffung eines Narrativs? Eigentlich um beides. Ich möchte Ihnen zeigen, wie wertvoll das Erzählen einer Geschichte, also der Aufbau einer Story um Ihre Inhalte, ist: wobei wir in meinem Beispiel ein Narrativ verwenden werden, also eine Geschichte mit Ziel, mit Sinn und Moral. Das ergibt sich aus der Tatsache, dass ich in meiner Veranstaltung zum Thema „Verlagsmanagement" eine gewisse ethische Grundhaltung, einen bestimmten humanistischen Umgang mit Menschen vermitteln möchte.

Die Story ist bei mir also durchaus zielorientiert, hat einen „Purpose". Dabei gibt es noch genug Freiheit für eigene Entscheidungen und Bewertungen, für individuelle Emotionen der Teilnehmenden, was ich für sehr wichtig halte. Will man jedoch das Ziel verfolgen, eine Veranstaltung unvergesslich zu machen, so war es in meiner Erfahrung noch mächtiger, nicht nur eine Story durch die Inhalte zu legen – sondern diese auch mit einem Sinn, einem Ziel zu verbinden – und Teilnehmenden einzubinden, sie zum Teil der Veranstaltung zu machen. Auch das ist übrigens ein Aspekt eines Narrativs. Eine Story kann man anhören, ohne beteiligt zu sein. Ein Narrativ hat das Ziel, andere zu beteiligen, mitzunehmen, zu aktivieren. Genau das wollen wir erreichen. Wir wollen Ihre Teilnehmenden mitnehmen, bewegen. Dies gelingt über ein Narrativ noch besser als über eine bloße Story.

Wie war das eigentlich damals, als Rotkäppchen erzählt wurde, in den langen Abenden am heimischen Herdfeuer? Als die Gebrüder Grimm herumreisten, die Märchen einzusammeln? Waren das Stories, diese Märchen? Oder Narrative? Es ist unbestritten, dass gerade Märchen wie

Rotkäppchen eine Moral vermitteln wollten. Und wurden die Zuhörenden dabei auch aktiviert? Eingebunden? Vielleicht. Gewiss ist: Es wurde die Moral nicht vermittelt, indem man sie in ihrer bloßen und theoretischen Form ausgedrückt hat. Sie wurde in eine Geschichte eingewoben, die Emotionen weckt. In der Personen handeln. In der ein Wolf herumschleicht und ein unschuldiges Mädchen durch eine unheimlich offenstehende Tür schreiten muss. In der ein als Großmutter verkleideter Wolf aus dem Bett springt. Genau davon lassen wir uns hier inspirieren. :)

Narrativ, Story, Charaktere, ... Ihnen schwirrt der Kopf? Keine Sorge, es gibt viele anschauliche Beispiele, wie wir dies für uns nutzen können, wir werden uns ausführlich mit den einzelnen Schritten beschäftigen – und jetzt legen wir los.

In 10 Schritten zum Ziel – wie Sie mit diesem Buch arbeiten können

Mit diesem Buch können Sie auf mindestens zwei verschiedene Weisen arbeiten. Entweder, Sie haben noch keine Vorlesung oder Vortrag konzipiert und müssen Ihr Seminar oder Ihren Workshop noch erstellen. Dann können Sie dieses Buch wie einen Leitfaden verwenden. Sie starten bei Kap. 1 und wandern Schritt für Schritt durch das Buch, wobei Sie nebenher Ihre eigene Veranstaltung schrittweise mitkonzipieren.

Der andere Fall wäre, dass Sie bereits eine Vorlesung oder einen Vortrag konzipiert haben, erfolgreich ein Seminar oder einen Workshop veranstalten, bereits mitten in einer Lehrveranstaltung sind, schon mehrmals im Verein vorgetragen haben und diese Veranstaltungen nun aber gerne noch ein wenig überarbeiten, verändern oder optimieren möchten. Vielleicht haben Sie deswegen dieses Buch ausgewählt. Auch dann empfehle ich, chronologisch durch das Buch zu gehen, und an den Stellen, an denen meine Ideen auf Sie inspirierend wirken, Ihre Veranstaltung noch einmal für sich und vor sich auf Papier zu skizzieren, sich Anmerkungen zu machen, Anregungen geben zu lassen und so Ihre Veranstaltung zu überarbeiten und neu zu denken.

Ich persönlich meine, dass es keine besonderen, ungewöhnlichen oder außerordentlichen persönlichen Voraussetzungen gibt, um mit einem Narrativ einen Workshop, ein Seminar oder eine Vorlesung auf ein ganz neues und anderes Niveau zu heben. Das kann wirklich jeder. Auch brauchen Sie keine besonderen schauspielerischen Fähigkeiten oder ungewöhnliches Talent. Ich denke, dass ich diese auch nicht in gesteigertem Maße besitze.

Allein die Tatsache, dass Sie Ihrer Veranstaltung ein Narrativ zugrunde legen und im Prinzip Charaktere auftreten lassen – und zwar idealerweise solche, die Menschen sehr ähnlich sind, die Sie gut kennen und die Sie berühren – ist bereits so besonders, dass ihre Veranstaltung den Teilnehmenden anders und besser in Erinnerung bleiben wird als andere Veranstaltungen. Vielleicht nützt Ihnen auch die eine oder andere Anregung aus meinen Kapiteln, um sich sicherer zu fühlen und selbst auch daran Spaß zu haben, wenn Charaktere auftreten und die Zuhörenden emotional anregen (im besten Sinne).

Weiterführende Literatur

IANA: Institut für angewandte Narrationsforschung, https://www.narrationsforschung.de/.

Drace, S (2013). Beweise für die Rolle von Affekten bei der stimmungskongruenten Erinnerung an autobiografische Erinnerungen. Motivation amp; Emotion. 37 (3): 623–628. https://doi.org/10.1007/s11031-012-9322-5. S2CID 145403018.

Erk, S.; Kiefer, M.; Grothe, J.; Wunderlich, AP; Spitzer, M.; Walter, H. (2003). Emotionaler Kontext moduliert den nachfolgenden Gedächtniseffekt. NeuroImage. 18 (2): 439–447. https://doi.org/10.1016/s1053-8119(02)00015-0. PMID 12595197.

Lewis, PA; Critchley, HD (2003). Stimmungsabhängiges Gedächtnis. Trends in den Kognitionswissenschaften. 7 (10): 431–433. https://doi.org/10.1016/j.tics.2003.08.005. PMID 14550485. S2CID 5926387.

Long, NM; Danoff, MS; Kahana, MJ (2015). Rückrufdynamik offenbart das Abrufen des emotionalen Kontexts. Psychonomic Bulletin & Review. 22 (5): 1328–1333. https://doi.org/10.3758/s13423-014-0791-2. PMC 4547905. PMID 25604771.

Steinmetz, KM; Kensinger, EA (2013). Der emotionsinduzierte Gedächtniskompromiss: Mehr als ein Effekt offener Aufmerksamkeit?. Gedächtnis & Erkenntnis. 41 (1): 69–81. https://doi.org/10.3758/s13421-012-0247-8. PMID 22948959.

Schritt 1: Das Narrativ – Wie Sie einen roten Faden entwickeln

Das Prinzip des Storytellings – und das Narrativ ist eine Art von Erzählung inklusive „Message", wie wir gesehen haben – funktioniert so, dass man zunächst einen Startpunkt wählt, dann einen Höhepunkt und zuletzt einen Zielpunkt definiert, die Ihre Veranstaltung wie ein großer Bogen zusammenhalten. Denken Sie an Rotkäppchen: Abschied am Gartenzaun und gute Worte für den Weg (Anfang). Weg durch den Wald. Großmutters Haus, Aufgefressen-Werden (Mitte). Gerettet-Werden und Strafe (Ende). Anfang, Mitte, Schluss.

Auch in meinem Beispiel, das ich Ihnen in diesem Buch als Anregung für Ihre eigenen Veranstaltung vorstelle, geht es um eine Geschichte, die einen klaren Start und einen klaren Endpunkt hat. Und dazwischen einen Mittelteil, in dem zwischen verschiedenen Personen das eine oder andere passiert und meine Teilnehmenden sich entlang eines roten Fadens fortbewegen.

Die Geschichte in meiner Vorlesung über „Verlagsmanagement" beginnt damit, dass ein kleiner unrentabler Verlag namens Domino, in dem so ziemlich alles schiefläuft, was nur schieflaufen kann, von einer großen professionellen Verlagsgruppe akquiriert wird. Die Aufgabe, die die Teilnehmenden meines einsemestrigen Bachelor-Kurses an der Hochschule der Medien zu lösen haben, ist, die große fiktive „Ravenstein-Verlagsgruppe" kennenzulernen, die „Domino" akquiriert hat; dann den kleinen Verlag zu analysieren und schließlich eine Strategie zu entwickeln, wie sie Domino rentabel machen und in die große Verlagsgruppe integrieren können. Auch wenn ich hier ein Beispiel aus der Unternehmenswelt wähle, lassen sich die dahinter liegenden narrativen Prinzipien ohne Weiteres auf Ihr Beispiel übertragen.

Im Rahmen meiner Veranstaltung lernen die Teilnehmenden Themen kennen wie Workflow-Optimierung, Lean Management, Personalmanagement und vieles mehr. Das verbindende Element ist das Narrativ, die Geschichte, die alles zusammenhält.

In der ersten Veranstaltung lernen die Teilnehmenden das Setting, die ganze Geschichte aus der Vogelperspektive kennen. Sie werden darüber unterrichtet, worum es ganz allgemein gehen wird und was ihre Aufgabe und Rolle in dieser Geschichte sein wird. Das wäre auch meine Empfehlung für Ihren Startpunkt. Überlegen Sie, wo Sie starten – und was Sie die Teilnehmenden wie und wann entdecken lassen. Wir sprechen in einem folgenden Kapitel noch konkreter darüber, wie die Gestaltung eines guten Startpunktes erfolgreich gelingt.

In meinem Fall lautet die Aufgabe für die Teilnehmenden, in Teams von drei bis fünf Personen als

Schritt 1: Das Narrativ – Wie Sie einen roten Faden ...

kleine Beratungsunternehmen zu agieren, die im Laufe des Semesters (also in ca. 15 Sitzungen) alle Abteilungen des unrentablen Domino-Verlages durchlaufen. Sie werden dort mit Mitarbeitenden sprechen, Informationen sammeln, diskutieren und jeweils pro Team, pro Beratungsfirma, einen Strategieplan für Domino in der Ravenstein-Gruppe entwickeln.

Die zentrale Aufgabe der ersten Stunde ist es, die Erwartung der Teilnehmenden zielführend einzustimmen. Dazu sollte man einerseits das Setting erläutern, andererseits die Rolle der Teilnehmenden darin definieren, Start- und Zielpunkt benennen und nicht zuletzt die Prüfungsleistung und die Zusammensetzung der Note für die Teilnehmenden klar definieren (also Ihre Erwartung an die Einzelnen). Gerade Letzteres halte ich für besonders wichtig – in jedem Anwendungsfall. Sagen Sie Ihren Teilnehmenden genau, was das Ziel ist. Und verbinden Sie Ihr Narrativ in kluger Weise damit. Meine Empfehlung: Ihr Narrativ sollte nicht nur schmückendes Beiwerk sein. Es muss Teil – in meinem Beispiel hier – der „Prüfungsleistung" werden. Dadurch gewinnt es deutlich an Relevanz und die Teilnehmenden tauchen tiefer ein. Übertragen auf einen privaten Kontext: Lassen Sie die Teilnehmenden wissen, welche Rolle sie selbst in Ihrem Narrativ zu spielen haben. Berieseln Sie die Zuhörenden nicht mit Ihrer Story – lassen Sie sie teilnehmen. Sagen Sie ihnen genau, in welcher Weise sie beitragen und was zu tun ist. Das nimmt Unsicherheit heraus und bindet Ihre Zuhörenden aktiv ein.

Folgendes gilt es vorzubereiten: Sie müssen abwägen, wie lange Ihre Veranstaltung dauern wird. Ist es ein Workshop von einem Tag? Ein Vortrag von einer Stunde? Oder eine mehrtägige oder gar mehrwöchige Veranstaltung?

In wie viele Abschnitte wollen Sie den Workshop oder die Vorlesung oder Veranstaltung unterteilen? Was sind Ziele, die Sie jeweils nach einem Milestone oder Haltepunkt erreicht haben wollen? Wie Sie hier selbst sehen: Meilensteine können beliebig weit auseinanderliegen: Zehn Minuten oder zwei Wochen. Sie legen es fest.

In diesem Schritt 1 gilt es jedenfalls, die gesamte Zeitspanne, die Ihnen zur Verfügung steht, in kleinere Meilensteine oder Abschnitte zu unterteilen. In meinem Fall entsprach eine ein Semester dauernde Veranstaltung etwa 15 Sitzungen zu jeweils 90 min. Ich wusste also, dass ich 15 Abschnitte haben würde.

Die Abschnitte sind prinzipiell klar? Dann können sie gut definiert werden. Ich erkläre Ihnen im Folgenden, wie ich meine Lernabschnitte einteile. Dies können Sie dann gerne leicht auf Ihre eigene Veranstaltung übertragen. Doch zuvor heißt es nun, in sich zu gehen: was ist mein Narrativ? Was ist die Geschichte, die Sie erzählen wollen? Und wo kommen Emotionen ins Spiel?

Bei mir taucht übrigens bereits in der ersten Stunde ein Charakter auf, eine Person – und zwar der Vorgesetzte der Teilnehmenden im Planspiel. Ein **Interim-Manager,** der nur zeitweise die Leitung innehat, um unsere Teilnehmenden zu informieren und den Auftrag an sie zu formulieren. Ihn, **Herrn Dr. Schneider,** der gerne mit Titel angesprochen wird, kann ich einige der Aufgaben für die Teilnehmenden aus seiner Rolle heraus formulieren lassen – sodass wir gleich live im Planspiel ankommen.

Schritt 1: Das Narrativ – Wie Sie einen roten Faden … 17

Wie finden Sie Ihr eigenes Narrativ?

Jemand sagte mal zu mir: „Was hast DU schon zu erzählen?" Vielleicht spricht so auch Ihr innerer Schweinehund zu Ihnen. Ich glaube, dass diese Frage unter der Gürtellinie liegt. Denn jeder Mensch hat eine Geschichte. Jeder Mensch hat sogar viele Geschichten. Und diejenigen davon, die uns berühren, wenn wir selbst zurückdenken, sind Ihr Farbkasten. Was hat Sie in der Vergangenheit berührt? Traurig, wütend, glücklich gemacht? Hier finden Sie die Bausteine für Ihr Narrativ. Zu persönlich? Kein Problem. Ich zeige Ihnen, wie Sie diese Emotionen Ihrer Geschichten nützen – und trotzdem genügend verschleiern, um Ihre eigene Geschichte privat zu halten.

Lassen Sie uns also gemeinsam über Ihr Narrativ nachdenken. Versuchen Sie, Antworten auf folgende Fragen zu finden:

- Was ist das Oberthema, das Ihre Vortragsthemen verbindet?
- Wie und wo fände/findet dies auf der Bühne der Realität statt?
- Wo geht es im realen Leben um Ihr Thema?
- Haben Sie in Ihrer eigenen beruflichen Erfahrung ein Beispiel erlebt, das sich als Vorlage eines Narrativs eignen würde?

Besonders geeignet für ein Narrativ sind Umbruchsituationen, weil wir an diesen viel lernen und verstehen können – und weil es hier emotional in alle Richtungen hoch hergeht. Wir sehen Altes, das sich bewährt hat, aber an Grenzen stößt – das schmerzt oder erfüllt uns mit Hoffnung, vielleicht sind wir schadenfroh oder verängstigt. Wir lernen die Herausforderungen und Grenzen kennen und müssen kreativ neue Ansätze entwickeln. Wenn wir es recht bedenken, war auch Rotkäppchen in einer Umbruchsituation: das erste Mal allein durch den Wald, eigene Entscheidungen treffen und die Konsequenzen erleben.

Wo gibt es in Ihrem Gebiet eine Umbruchsituation? Zieht jemand um? Erlebt jemand einen neuen Meilenstein im Leben? Bekommt jemand etwas geschenkt? Scheitert jemand? Wie sieht es in Ihrem Beispiel aus? Hilfreiche Fragen könnten lauten:

- Welche Umbruchsituationen gibt es in Ihrem Beispiel bereits?
- Wo finden sich Best Practices, also gute Beispiele für den Umgang mit einer solchen Umbruchsituation?
- Wie könnten Ihre Teilnehmenden diese noch überbieten?

Schritt 1: Das Narrativ – Wie Sie einen roten Faden ...

- Sind diese Best Practices in Ihrem Narrativ bereits (teilweise) in Anwendung, oder sollen die Teilnehmenden sie erst entwickeln?
- Was sind Lernziele, die Sie verfolgen? Inhaltliche und personelle, persönliche?
- Und wie können Sie die Themen, die Sie behandeln wollen, zu Abschnitten eines Narrativs machen, das sich fortentwickelt?
- Wo soll Ihre Geschichte starten? Wo soll sie enden? Was sind Meilensteine auf dem Weg?

Hier nützt es, die obenstehenden Fragen einmal schrittweise auf einem Blatt Papier für sich zu beantworten. Zeichnen Sie einen Zeitstrahl. Was ist der Startpunkt? Was ist das auslösende Ereignis für Ihr Narrativ? Wählen Sie etwas, das knallt. Etwas geschieht, das Unruhe auslöst. Sorgen auslöst. Etwas ist ins Wanken geraten. Etwas muss gerettet werden. Ein gewisser Druck entsteht, eine Unsicherheit. Eine Aufgabe für Ihre Teilnehmenden wird sichtbar. Eine Heldenreise ist angelegt.

Was geschieht in der Mitte des Zeitstrahls? Es hat sich bewährt, hier eine Recherchephase einzubauen – „Recherchepausen" in einem Vortrag wären z. B. Zeiten, um Fragen zu stellen. Was recherchieren Ihre Teilnehmenden? Was können sie nach und nach entdecken? Wie entwickelt sich dabei die Geschichte weiter, sodass man immer weiß, wo man steht?

Und was ist das Ziel, was muss erreicht werden? Erzeugen Sie Haltepunkte in der Mitte, zu denen bestimmte Teile des Ziels vorliegen sollen. Definieren Sie Abgabezeitpunkte für etwas. Vielleicht müssen Ihre Zuhörenden an diesem Punkt Feedback geben, etwas hereinrufen, eine Szene ausagieren oder einen Vortrag halten, ein Statement abgeben oder etwas auf Papier festhalten. Dies erzeugt Zeitdruck bei den Teilnehmenden und das Gefühl von Relevanz des Geschehens, von Dranbleiben-Müssen, aber auch von Kontrolle: Ist man als Person oder als Team gut am Ball, so entsteht Vertrauen, dass man auch das Ziel erreichen wird.

So entsteht Ihr Narrativ. Im Folgenden sehen wir, wie Sie insbesondere die mittlere Phase einteilen, wie Sie Ihre Veranstaltung im Ganzen und pro Abschnitt aufbauen – und wie Sie diese dann mit Charakteren anreichern, die Ihnen die Emotionen bringen, die zur Unvergesslichkeit beitragen.

Eine Bemerkung zum Spannungsbogen Ihres Narrativs

Märchen, Geschichten, Filme, Serien, Pop Songs ..., die meisten von ihnen besitzen ein zugrunde liegendes Narrativ. Und sie zeigen einen Verlauf ihres Spannungsbogens, den man analysieren kann.

Dazu gibt es viele Theorien – darunter auch die Verlaufskurve der Spannung nach Kurt Vonnegut, von dem es auch einige Videos auf YouTube gibt, die ich zu diesem Thema sehr empfehlen möchte (geben Sie einfach seinen Namen und „Shape of Stories" ein). Vonnegut ist nicht unumstritten – und wie in jeder Wissenschaft gibt es auch hier Alternativvorschläge für Spannungsverläufe. Aber seine Idee ist so gut und intuitiv, dass ich sie trotzdem empfehlen möchte. Außerdem sind die Videos wirklich lustig: kleine Stories in sich.

In meiner Vorlesung ist der Spannungsbogen leicht zu verstehen. Ich starte mit einer instabilen Ausgangssituation. D. h., dass eine Not, ein Bedarf vorliegt, ein

Schritt 1: Das Narrativ – Wie Sie einen roten Faden ...

Ungleichgewicht, eine Situation, die so nicht weiter verlaufen kann, die nicht weiter bestehen kann. Domino ist unrentabel, er würde alleine untergehen, alle Mitarbeitenden entlassen müssen. Wenn innerhalb der Ravenstein-Gruppe kein Platz für Domino definiert wird, könnte die Gruppe einfach die Inhalte des kleinen Verlags herauslösen und dennoch alle Mitarbeitenden entlassen (so einfach geht das zwar nicht, aber die Gefahr droht dennoch). Die Teilnehmenden empfinden also einen gewissen Druck, die Situation zu verändern – es ist auch ganz klar ihre definierte Aufgabe, hier eine Lösung zu finden.

Ich gebe den Teilnehmenden dann nicht vor, wie der weitere Verlauf der Geschichte zu sein hat. Dies ergibt sich interaktiv – hier besteht Freiheit, das Ende ist in gewissem Sinne offen. So hatten wir bereits Vorlesungen, die einen recht sanften Spannungsbogen hatten – in dem alle Teams zu guten Strategievorschlägen gelangten, ohne dass die Situation eskalierte – wir hatten aber auch schon Veranstaltungen mit deutlichen Höhen und Tiefen.

Möglicherweise ließe sich hier nach Kurt Vonnegut oder anderen Theoretikern in der Narration ein deutlich abwechslungsreicherer Spannungsbogen planen und umsetzen. Auch ich bin erst am Anfang meiner Reise und freue mich, hier weiter zu experimentieren. Vielleicht haben Sie eine viel spannendere Idee als ich: hervorragend! Schreiben Sie mir, ich würde mich freuen, von Ihnen zu hören.

Um die Teilnehmenden nicht zu frustrieren, setze ich nicht zu viel fest. Die Teilnehmenden sollen den Eindruck gewinnen, dass sie durch ihre Interaktion die Geschichte mitbestimmen können. Das soll Ihnen auch nicht nur vorgespielt werden, sondern es soll tatsächlich der Fall sein. Das Gegenteil davon habe ich einmal selbst erlebt. Wir waren in einer Gruppe unterwegs und sollten den Eindruck gewinnen, es hinge von unserer Teilnahme ab, wie gut ein virtuelles Flugzeug durch einen Ring fliegen würde. Mir als passionierter Computerspielerin fiel jedoch gleich auf, dass zwar die Vorrunde, in der wir üben durften, real von uns als Team abhing – es in der Finalrunde aber ausgeschlossen war, dass wir den Ring hätten verfehlen können – und so wurde dort von „geheimen Mächten" (einer KI-Software) unser Flugzeug gesteuert. Das hat mich vollkommen frustriert zurückgelassen. Daher die Bitte: zeigen Sie Ihren Teilnehmenden auf, inwiefern sie sich frei entfalten können, und lassen Sie dies auch wirklich zu. Wie frei Sie sein können, hängt von Ihrem Beispiel ab: geht es um eine Unterrichtsstunde? Dann gibt es bestimmte Ziele, die nun mal erreicht werden müssen. Ein Vortrag? Auch hier wollen Sie bestimmte Inhalte rüberbringen. Aber vielleicht können Sie Freiheit darin belassen, mit welchen Emotionen und in welcher Form der Geschichte dies geschieht. Auf jeden Fall lohnt es sich, darüber nachzudenken – und wie ich damit im Detail umgehe, erläutere ich nun im Folgenden.

Schritt 2: Der Aufbau – Wie Sie Ihre Veranstaltung strukturieren

Der erste Abschnitt einer Veranstaltung besteht immer darin, das allgemeine Setting, die Rolle der Teilnehmenden, den allgemeinen Ablauf der gesamten Veranstaltung und der einzelnen Abschnitte und den Start- und Zielpunkt mit den Teilnehmenden zu besprechen und gegebenenfalls Teams einzuteilen. Der Startpunkt erzeugt den Druck: etwas ist zu erledigen. Ein Ungleichgewicht muss ins Gleichgewicht gebracht werden. Es herrscht eine gewisse Not, die Ihre Teilnehmenden lindern müssen. Je stärker Sie die Not formulieren und je deutlicher wird, was Ihre Teilnehmenden tun können, umso emotionaler wird die Geschichte und das gemeinsame Ereignis.

In meiner Erfahrung hat es sich bewährt, bereits in dieser ersten Veranstaltung feste Teams zu definieren, also Gruppen, die während der gesamten Veranstaltung in dieser Formierung zusammenbleiben. Das können Sie auch bei einem Vortrag so machen. Vielleicht wird der Saal in zwei Hälften geteilt, oder Reihen sind Teams. Vielleicht sind Sie in einer Unterrichtsstunde – dann hat Ihr Schüler oder Ihre Schülerin vielleicht eine Rolle und Sie selbst oder ein Stofftier oder ein Objekt oder eine fiktive Person eine andere.

Wechselnde Teams, also Gruppen, bei denen die Teilnehmenden sich untereinander austauschen, sind zwar zunächst scheinbar eine gute Idee, da die Teilnehmenden Ihrer Veranstaltung sich dadurch untereinander kennenlernen. In meiner Erfahrung führte dies aber überraschend zum schlechteren Ergebnis. Die Teilnehmenden waren weniger involviert und geringer motiviert. Sie leisteten deutlich weniger und trugen weniger zum jeweiligen Team bei. Ich meine, dies liegt an der mit wechselnden Teams einhergehenden größeren Anonymität. Demgegenüber führten feste Teams dazu, dass sich Verantwortungsgefühl für das eigene Team herausbildete – und Gruppendruck entsteht. Der Peer Pressure unterstützte die Veranstaltung und führte zu einer aktiveren Teilnahme.

In der ersten Stunde gilt es auch, klar zu kommunizieren, was Sie von den Teilnehmenden erwarten. Welche Rolle werden sie spielen und was ist das genaue Ziel, das es zu erreichen gilt? Hier lehrt mich meine Erfahrung, dass eine detaillierte Kommunikation hilfreich ist. Das bedeutet zum Beispiel, die genaue Angabe der am Ende einzureichenden Abschlussdokumente oder der genauen Zielerreichung. In meinem Fall war dies ein von jedem Team abzuliefernder Strategieplan mit einer vorgegebenen Anzahl von Seiten und einem bestimmten Aufbau sowie ein zu haltender Vortrag. In Ihrem Fall könnte es sein, dass alle Teams ein Kärtchen an eine Pinnwand heften müssen oder ein kurzes Gespräch vor dem Plenum ausagieren müssen oder ein bestimmtes Stück spielen lernen müssen oder Ähnliches. Dieses Ziel klar zu formulieren, half den Teilnehmenden,

Schritt 2: Der Aufbau – Wie Sie Ihre Veranstaltung ...

schon während der Veranstaltung immer mit Blick auf das Ziel mit zu arbeiten.

Nicht zuletzt war es mir in der ersten Veranstaltung stets wichtig, den Teilnehmenden nicht nur den Makroaufbau meiner Gesamtveranstaltung zu erklären, sondern auch den Mikroaufbau: d. h., die Struktur jeder einzelnen Veranstaltung. Jede Veranstaltung bestand bei mir aus zwei Teilen: einem theoretischen und einem praktischen Teil. Diese Struktur gab mit in der Vorbereitung Sicherheit – und erzeugte eine immer wieder gut erfüllbare Erwartungshaltung bei den Teilnehmenden. Dabei spielt es keine Rolle, wie lange die Veranstaltung ist. Sie müssen eine Stunde lang vor Ihrem Verein sprechen? Definieren Sie ein Makroziel und ein paar Haltepunkte. Gestalten Sie die Abschnitte Ihrer Veranstaltungen nach einem wiederkehrenden Muster. Das erzeugt eine Erwartung, die auch erfüllt wird – somit Sicherheit für Ihre Teilnehmenden.

In meinem jeweils ersten Teil – dem „Theorieteil" – wurde stets eine eindeutige Thematik behandelt (also nicht mehrere Themen, sondern stets genau eines): wichtige Grundlagen, aktuelle Herausforderungen auf dem Markt und Best Practices, jeweils in einer Abteilung von Domino. Im praktischen zweiten Teil durften die Teilnehmenden dann mit Charakteren interagieren, die ich für das Planspiel erschaffen hatte. Mehr dazu in Kap. 4 (Kap. 1).

Die Makrostruktur der Veranstaltung war also derart gestaltet, dass wir in jeder Veranstaltung eine Abteilung von Domino besuchen würden – die Mikrostruktur gab vor: erst theoretisch, dann praktisch. In meiner Vorlesung lassen sich die einzelnen Veranstaltungen gut thematisch einteilen. Wir beginnen mit dem Lektorat, dann kommt das Projektmanagement dran, dann die Abteilung der E-Products, der Customer Service, die Marketingabteilung oder ähnliche. Ich erklärte den Teilnehmenden, dass sie, um konkrete Informationen für Ihr Strategiepapier zu sammeln, stets zuerst intensiv dem Theorieteil folgen müssen. So erhalten die Teilnehmenden beispielsweise in der Veranstaltung, bei der wir die Abteilung Projektmanagement besuchten, eine Einführung in das Thema Lean Management, verbunden mit wichtigen aktuellen Herausforderungen und existierenden Best-Practices.

Es ist klar, dass in einer kurzen Zeitspanne von circa 45 min (das ist die Dauer meines Theorieteils) hier jeweils nur Impulse gesetzt werden können und Vollständigkeit nicht möglich ist. Dies ist aber kein Nachteil einer Vorlesung mit Narrativ gegenüber herkömmlichen Veranstaltungen – dies gilt natürlich für jede Veranstaltung, die einen begrenzten Zeithorizont hat. Warum ist es kein Nachteil? Wäre die Veranstaltung deutlich länger, bestünde aber nur aus einem theoretischen Vortrag, wäre der Anteil dessen, woran sich Teilnehmende erinnern, deutlich kleiner als in einer Veranstaltung mit Narrativ, insbesondere was das Langzeitgedächtnis betrifft.

Im zweiten Teil jeder Veranstaltung ist es bei mir das Ziel, die jeweils auftretenden fiktiven Personen geschickt zu interviewen. Dazu erkläre ich meinen Teilnehmenden, dass jedes Team jedes Mal zwei Fragen an die auftretenden Personen wird stellen können, wobei die anderen Teams ebenfalls zuhören werden. Nur, wenn alle Teams gute Fragen stellen, lässt sich die komplette Information über die Abteilung erhalten. Dies ist wiederum wichtig, um abschließend eine gute Strategie zu entwickeln – ich weise gerne auf die Relevanz für die Bewertung hin, auf unser Ziel.

Sie sehen, dass hier ein weiteres wichtiges Konzept eines Narrativs auftaucht: die agierenden Personen. Dies ist der Teil, in dem die Emotionen eine Rolle spielen werden. Das Narrativ ist ein roter Faden, der die Veranstaltung zusammenhält. Ihre Meilensteine sind die Perlen an Ihrem

Faden. Die Personen jedoch sind die Impulse, die ins Herz der Teilnehmenden treffen.

Nun, da wir wichtige Inhalte des ersten Abschnitts besprochen haben, gehen wir noch einmal in die Vogelperspektive: Wie bereiten Sie Ihren Workshop, Ihr Seminar oder Ihre Vorlesung, Ihren Vortrag oder Ihren Unterricht nun im Ganzen konkret vor? Wir haben bereits über die Einteilung in bestimmte Abschnitte, Arbeitspakete oder Meilensteine gesprochen. In meinem Fall waren dies 15 Veranstaltungen.

Die Etappen Ihrer Veranstaltung

Wenn Sie eine Veranstaltung mit mehreren Treffen haben, wie eine Vorlesung, die aus einzelnen Sitzungen besteht, einen Workshop, der sich über mehrere Tage zieht oder einen Unterricht in mehreren Etappen, dann gilt es, diese Etappen gut zu planen. Dasselbe gilt aber auch, wenn Sie nur einen Vortrag halten – also eine einmalige Veranstaltung planen. Auch hier sollten Sie bestimmte Teile vorsehen, die bestimmte Meilensteine erreichen. Diese Teile oder Ihre Etappen müssen Sie planen – und können dabei Ihr Narrativ zu Hilfe nehmen. Denn Ihr Narrativ ist nicht nur etwas, das Ihnen mehr Arbeit aufbürdet – es ist auch eine Stütze, die Ihnen einen Rahmen vorgibt und Ihnen bei der Aufteilung hilft.

Wir haben gesehen, dass die erste Veranstaltung, der erste Abschnitt, den Rahmen setzt und das Ziel definiert. Wo sind wir, was ist hier los, was ist zu tun, wer tut was und wie. Eine weitere Veranstaltung, die durch das Narrativ bereits festgelegt ist, und die Sie bereits zu Beginn genauer planen dürfen, ist die letzte. Hier gilt es, das gemeinsame Planspiel zu reflektieren und den Bogen zu schließen. Wo wollen Sie ankommen? Wie endet die Geschichte? Nicht im Detail – sondern nur in etwa.

Beispielsweise könnte eine wichtige Figur, die am Anfang aufgetaucht ist, wie bei mir in der zweiten Veranstaltung der Interim-Manager Dr. Schneider des nicht rentablen Domino-Verlags, zum Abschluss nochmals ein paar Worte an die Teilnehmenden richten. Er war der Auftraggeber – er nimmt auch die Ergebnisse ab und kommentiert sie. Sie könnten in der letzten Stunde (zusätzlich) auch gemeinsam reflektieren, was Sie aus der Veranstaltung gelernt haben. Somit ist also die erste und letzte Veranstaltung bei Verwendung eines Narrativs bereits festgelegt.

Anfang   Ende

Was hilft noch dabei, Ihre Veranstaltung in Abschnitte einzuteilen? In meinem Fall war dies recht kanonisch: es galt, verschiedene Abteilungen des Domino-Verlags kennen zu lernen und zu analysieren. Also teilte ich diese Abteilungen (bei mir sieben) auf meine Veranstaltungen auf.

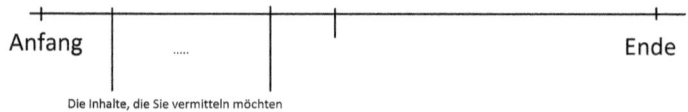

Anfang   Ende

Die Inhalte, die Sie vermitteln möchten

Ein weiterer wichtiger Abschnitt muss reserviert werden für den Austausch unter den Teams. Für dieses Querschnittstreffen der Teams sollten Sie ebenfalls eine Veranstaltung reservieren. Ein weiterer Abschnitt ergibt sich, wenn Sie Ihre Teilnehmenden noch individuell coachen möchten. Falls Ihre Teilnehmenden beispielsweise zuletzt einen Vortrag halten müssen, können Sie eine Stunde zur Besprechung der Grundlagen eines gelingenden Vortrags reservieren, und 1 weitere Stunde, um Ihre Teams individuell zu beraten.

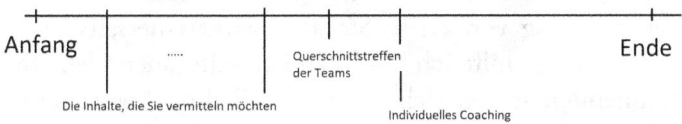

Ein weiterer Abschnitt muss reserviert werden für die eigentlichen Vorträge, je nach Anzahl der Vorträge gegebenenfalls auch zwei oder mehr Abschnitte. Sie sehen, dass Ihr Workshop, Ihr Seminar oder Ihre Vorlesung schnell gefüllt ist – nicht immer oder nur mit theoretischen Inhalten in jeder Vorlesung, sondern auch mit der Abrundung des Narrativs, der Verankerung und Vertiefung von Gelerntem und aktivem Austausch.

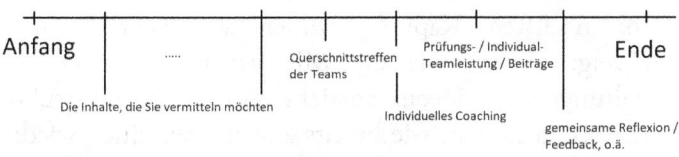

Sie sehen, dass in der Vorbereitung Ihrer Veranstaltung einerseits nochmals Aufwand zu betreiben ist. Hatten Sie zuvor vor, „nur" Inhalte zu vermitteln, so „schrumpft" die Inhaltsvermittlung auf die erste Hälfte Ihrer Veranstaltung. Jede einzelne Teilveranstaltung, jeder Abschnitt, besteht auch selbst dort nicht aus reiner Wissensvermittlung, sondern, wie wir gesehen haben, idealerweise immer aus einer Mischung aus Vermittlung von Inhalten und praktischem Anteil. In jedem Fall aber empfehle ich, den zweiten Teil der Veranstaltung verstärkt mit praktischen Anteilen, Teamarbeit und Zielerreichung zu füllen. Hier arbeiten die Teilnehmenden mit den theoretischen Inhalten, die Sie vorgegeben haben – emotional aktiviert durch die Personen, denen sie begegnet sind und hoffentlich angetrieben davon, rechtzeitig ihr Ziel zu erreichen.

So gibt Ihnen das Narrativ eine klare Struktur für Ihre Veranstaltung vor. Diese Struktur wirkt einerseits in der Vorbereitung hilfreich, hilft andererseits auch den Teilnehmenden später, sich an den Stoff ihrer Veranstaltung zu erinnern.

Die Kapitel dieses Buches sind so angeordnet, dass sie in etwa den Abschnitten, Meilensteinen oder Lernpaketen meiner – und vielleicht zukünftig auch Ihrer – Vorlesung entsprechen. Dies darf Ihnen unterstützend bei der Vorbereitung Ihrer eigenen Veranstaltung helfen. Wenn Sie dieses Buch also schrittweise durcharbeiten, werden Sie am Ende idealerweise die Vorbereitung Ihres Kurses sehr weit vorangetrieben oder – zumindest, was die Form angeht – weitgehend abgeschlossen haben.

Im nächsten Kapitel zoomen wir weiter hinein. Ich zeige Ihnen, wie die Mikrostruktur meiner Veranstaltungen im Detail aussieht. Auch die Substruktur aller Abschnitte hat, wie bereits angedeutet, einen wiederkehrenden roten Faden, der in den Teilnehmenden Sicherheit und eine gewisse Erwartbarkeit erzeugt.

Zusammenfassung

Nicht nur die Einteilung der gesamten Veranstaltung in einen Start- und Zielpunkt und das Spinnen eines roten Fadens, eines übergreifenden Narrativs, ist für mich bei der Erstellung unvergesslicher und beliebter Veranstaltungen besonders erfolgreich gewesen, sondern auch eine ähnliche Planung pro Veranstaltung. Jede einzelne Veranstaltung meines Kurses besitzt einen identischen Aufbau, was den Teilnehmenden hilft, sich

Schritt 2: Der Aufbau – Wie Sie Ihre Veranstaltung ...

zu konzentrieren und zu wissen, was zu erwarten ist. Der Aufbau jeder Veranstaltung ist derart, dass wir in der ersten Hälfte die Theorie kennenlernen, also den theoretischen Hintergrund, den die Teilnehmenden zu diesem Thema kennen müssen. Im zweiten Teil jeder Veranstaltung treten dann fiktive Personen auf, die interviewt werden.

Es wird bereits in der ersten Stunde kommuniziert, dass der erste Teil jeder Veranstaltung stets wichtig sein wird, um im zweiten Teil der Veranstaltung gezielte Fragen stellen zu können. Die Inhalte des jeweils ersten Teils jeder Veranstaltung wähle ich stets so, dass aktuelle Herausforderungen oder Best-Practices aus der Branche mit jeweils passenden Abteilungen verknüpft werden (wie Lektorat, Herstellung etc.). Im zweiten Teil jeder Veranstaltung können die Teilnehmenden dann selbst konkrete Informationen erfragen und diese in der Teamdiskussion vertiefen. Allerdings nur, wenn sie die auftretenden Personen geschickt interviewen. Daher kommen wir nun zum emotionalen Teil einer unvergesslichen Veranstaltung: Wie man Charaktere erschafft und Emotionen erzeugt.

Schritt 3: Die Charaktere – Wie Sie Emotionen erzeugen

In den ersten Kapiteln habe ich immer wieder von fiktiven Personen, Charakteren gesprochen. In diesem Kapitel möchte ich genauer darauf eingehen, was damit gemeint ist und wie man mit diesen Personen arbeiten kann. Bevor wir jedoch ins Detail gehen, möchte ich eine Bemerkung voranstellen: Auch wenn Sie Menschen auftreten lassen, die Sie aus Ihrem eigenen Leben und Ihrer Lebenserfahrung gestalten – achten Sie darauf, dass es fiktive Personen bleiben. Kein Charakter meiner Veranstaltung entspricht eindeutig einer Person meines beruflichen oder privaten Lebens. Sie sind davon inspiriert – aber wie Mosaike gebaut; neu zusammengesetzt aus Erfahrungen, Erlebnissen, Emotionen, Gedanken, Hoffnungen, Ängsten. Gespräche, Aussagen, Orte, Persönlichkeiten – das alles ist so verändert, dass man mit neuen, aber vertrauten Wesen arbeiten kann. Das ist einerseits sehr nützlich und auch authentisch – andererseits bewahrt es

Sie davor, einen realen Menschen zu idealisieren, zu verunglimpfen oder in legale Schwierigkeiten zu geraten.

Mit dieser Randbedingung im Hinterkopf wenden wir uns nochmals dem Ziel zu. Warum wollen wir eigentlich Charaktere gestalten? Ziel des Erstellens fiktiver Personen ist es, die Emotionalität der Veranstaltung zu erhöhen und so die aktive Teilnahme und die Erinnerung der Teilnehmenden zu stärken und zu verbessern. Denn sicher erinnert man sich besser daran, wenn etwas sehr Peinliches, Lustiges, Erschütterndes oder Spannendes geschehen ist. Genau das ist das Ziel der Erschaffung fiktiver Charaktere. Worum geht es genau?

In Ihrem Narrativ sollte zwischen Start- und Zielpunkt eine Geschichte liegen. Eine Geschichte verstehe ich hier sehr konkret als viele Ereignisse, die sich zwischen verschiedenen Personen zutragen. Es wird also sehr menschlich, und das halte ich für extrem wichtig. Die handelnden Personen sind meines Erachtens wichtige Eckpfeiler eines Narrativs, insbesondere in der Planung unvergesslicher Veranstaltungen.

Bevor ich ins Detail meiner Charaktere gehe, möchte ich Sie anregen, sich zu fragen: Wer sind Ihre Personen? Wer könnte Ihr Narrativ aufspannen? Wir werden auch im Weiteren immer wieder innehalten und überlegen, wie Sie das Narrativ konkret für sich aufbauen können.

Eine Bemerkung vorab: Braucht es schauspielerisches Talent?

An dieser Stelle möchte ich kurz eine Sorge aufgreifen, die Sie an dieser Stelle beschlichen haben könnte: Sie könnten sich fragen, ob Ihr schauspielerisches Talent ausreicht, um fiktive Charaktere darzustellen. Schlimmstenfalls sind Sie gar kurz davor, die Idee mit dem Narrativ zu verwerfen. Das wäre schade und ganz unnötig. Es geht alles recht einfach, und ich erkläre Ihnen im Detail, wie Sie es bewältigen können.

Wie geht man bei der Charaktererstellung und -darstellung vor? Jeder, der ein Seminar, einen Workshop oder eine sonstige Veranstaltung leitet, wird in seinem Leben schon Menschen begegnet sein, die in irgendeiner Weise speziell waren. Das meinte ich zuvor, als ich sagte: Jeder Mensch hat nicht nur eine, sondern viele Geschichten zu erzählen!

Überlegen Sie einmal:

- Wer aus Ihrer Vergangenheit hat Sie besonders berührt, positiv oder auch negativ?
- Welche Rolle könnte diese Person in Ihrem Narrativ spielen?
- Welcher Person aus Ihrem Narrativ können Sie diese Person zur charakterlichen Grundlage machen?

Und dann ganz konkret bei der Umsetzung einer Selbstvorstellung und der Beantwortung der Interviewfragen:

- Was hätte diese Person gesagt?
- Wie hätte sie es gesagt? Wie wäre die Gestik gewesen? Wie die Formulierung?

Wenn Sie sich die Person in Ihrem Inneren sehr gut vorstellen und diese Person auch schätzen, gelingt es Ihnen, diese Person auch selbst darstellen zu können, ohne zu übertreiben.

Nachdem die Person sich etwa drei bis fünf Minuten vorgestellt hat – wobei man durchaus auch ablesen kann, man muss hier nicht frei sprechen, es genügt, den Text gut vorzubereiten und emotional zu sprechen, ggf. ab und zu aufzuschauen – ist es an den Teilnehmenden, die Person zu befragen. Das heißt: Wenn Sie sich von meiner Form des Vortrags inspirieren lassen wollten, dann spielen Sie jede Person zweimal. Einmal bei der Selbstvorstellung, und einmal in der Fragerunde.

Bezüglich der Fragerunde hat es sich bewährt, den Teilnehmenden circa fünf bis zehn Minuten Vorbereitungszeit zu geben. Wir sprechen darüber genauer in einem der folgenden Kapitel. In meinem Planspiel hat jedes Team anschließend zwei Fragen frei. Das Plenum hört diese Fragen und auch die Antworten der fiktiven Person.

Die Art und Weise, wie die Teams die Frage an die Person stellen, wird von mir berücksichtigt. Ich antworte auch im Charakter, d. h. dass ich beispielsweise auch einmal sehr emotional auf eine ungünstig formulierte Frage aus den Teams reagieren werde. Wenn Sie den Charakter inspiriert von einer Person Ihrer Vergangenheit erstellen, werden Sie immer wissen, wie diese Person reagiert und geantwortet hätte. Natürlich nicht genau – aber Sie erahnen es.

Denken Sie dazu einmal an eine Person aus Ihrem persönlichen Umfeld. Ihre Mutter vielleicht, ein Geschwister oder Ihren Nachbarn. Stellen Sie sich die Person gut vor. Dann fragen Sie die Person in Gedanken, ob sie Ihnen jetzt gleich 100 € leihen könnte. Wie reagiert die Person? Freudig, weil sie gerne hilft? Großzügig? Verwundert, weil das noch nie vorkam? Verärgert, weil man Ihnen schon oft etwas geliehen und nicht immer zurückerhalten hat? Amüsiert? Kritisch? Neugierig? Sie werden es spüren. Und genau auf dieser Basis könnten Sie in einer Interviewrunde auf eine Frage aus dem Plenum antworten. Da müssen Sie nicht vorbereiten, was Sie auf welche potenzielle Frage antworten – Sie erspüren einfach, was die Person sagen würde, auf der Ihr Charakter basiert.

Nachdem die gesamte Fragerunde des Plenums abgeschlossen ist, hat es sich bewährt, die fiktive Person aktiv zu verabschieden. D. h., dass ich deutlich sage: „Die Lektorin, oder Frau/Herr xy, verlässt nun den Raum." Dann verlasse ich auch die Rolle und bin wieder in meiner Rolle als Dozentin im Raum anwesend, spreche also wieder aus meiner eigenen Funktion und Rolle heraus.

Gemeinsam reflektieren wir dann die Fragerunde. Wir überlegen uns,

- welche Interviewfragen besonders gut formuliert waren und
- bei welchen Fragen noch Potenzial für Verbesserung besteht.

Eine kurze Randbemerkung: Diese Art, zu reflektieren, finde ich allgemein sehr nützlich und auch wichtig. In meinen Kursen wird Feedback immer so eingeholt, dass wir reflektieren, was bereits sehr gut funktioniert hat, beziehungsweise wo noch Potenzial besteht. Kritik formulieren wir also grundsätzlich nur in Potenzialform.

Ein paar zusätzliche Anmerkungen: Verabschiedet man die fiktive Person nicht aktiv, so kann es unter Umständen zur Verwirrung der Teilnehmenden kommen. So hatte ich beispielsweise einmal den Fall, dass bei der Befragung der schwierigen Lektorin eine Teilnehmende plötzlich schüchtern fragte, ob sie auch mit mir, der Dozentin, kurz einmal sprechen könnte. Um dies zu umgehen, lohnt es sich, klare Räume zu definieren, wann der entsprechende Charakter im Raum ist beziehungsweise, wann die Studierenden wieder mit der Dozentin oder dem Dozenten sprechen (hier mein Dank an Richard für diesen sehr wertvollen Tipp aus seiner langjährigen Erfahrung, der sich unbedingt bewährt hat).

Die Charaktere in meiner Veranstaltung

In meinem Fall waren die auftretenden Personen schnell definiert. In jeder Veranstaltung, die, wie erwähnt, jeweils eine klare Struktur hatte (nämlich einen Theorieteil in der ersten Hälfte und einen Interviewteil in der zweiten Hälfte), trat jeweils eine fiktive Person auf. In meinem Fall war das jeweils die Abteilungsleitung der jeweiligen Abteilung, beziehungsweise ein Vertreter oder eine Vertreterin der Abteilung. Im Projektmanagement war es beispielsweise die Leitung der Projektmanagement-Abteilung. Im Lektorat war es eine Lektorin.

Der zweite Teil meiner Veranstaltungen beginnt bei mir stets mit dem Auftritt einer solchen Person. Ich sage kurz – aus meiner eigenen, also der Rolle der Vortragenden, heraus – „Nun werden Sie Frau/Herrn xy kennenlernen. Er/sie wird sich Ihnen kurz vorstellen. Anschließend haben Sie 10 min Zeit, Fragen vorzubereiten, bevor Herr/Frau xy dann für Ihre Fragen zur Verfügung steht."

Nach dieser Ankündigung, lasse ich die fiktive Person eintreten. Dazu projiziere ich ein Bild der Person an eine Leinwand, damit die Teilnehmenden sich die Person noch besser vorstellen können. Dann gehe ich kurz in mich, stelle mich dann so hin, wie die Person stehen würde, und halte einen etwa drei- bis fünfminütigen Monolog aus Sicht dieser Person. Wichtig für mich ist dabei immer, dass ich hierbei nicht nur Informationen vermittle, sondern auch eine Persönlichkeit darstelle.

Exemplarisch stelle ich Ihnen einige Personen aus meinem Planspiel „Verlagsmanagement" vor. So ist beispielsweise die **Lektorin von Domino, Frau Elisabeth Schäfer** (Abb. 1), eine an sich (wahrscheinlich) gutartige Dame mittleren Alters, die jedoch gerne ihre Arbeit wie

Abb. 1 Elisabeth Schäfer, Lektorin (fiktiv)

gewohnt fortsetzen würde. Eigentlich habe ich das jetzt ein bisschen zu freundlich formuliert … in Wahrheit hat sie überhaupt keine Lust auf irgendeine Veränderung und hält ihre bisherige Arbeit (die sich später als nachweislich unrentabel und unsystematisch herausstellen wird) für das Non plus Ultra – das Optimum schlechthin, im Grunde den einzig möglichen Weg im Lektorat. Sie sehen Sie auf dem folgenden Bild.

Aus ihren Worten spüren wir eine übertriebene Selbstsicherheit – die eigentlich auf Unsicherheit basiert. Beispielsweise kommuniziert sie bereits in der Selbstvorstellung mit Nachdruck, dass bestimmte Änderungen (wie beispielsweise eine Umstellung auf Print-on-Demand, also

POD) für sie unvorstellbar sei (allein diese Formulierung drückt natürlich eine große Emotionalität von Seiten der Person aus, die bei den Teilnehmenden einen Widerhall erzeugt). Sie formuliert dies sogar so, dass sie sagt, ihre Autoren oder Autorinnen würden POD „niemals akzeptieren".

An diesem Beispiel dürfen Sie spüren: Die auftretenden Personen in einem Narrativ sollen möglichst realistische Figuren darstellen. Ich versuche, sie nicht allzu überspitzt zu zeichnen und auch nicht überspitzt darzustellen – aber doch zumindest ein bisschen pointiert auf die Spitze zu treiben, damit wir an den Charakteren etwas Allgemeines lernen können.

Trotzdem verzichte ich dabei so gut es geht auf übertrieben dramatische Gesten oder stark verstellte Stimmen. Die Personen sollen möglichst real erscheinen, nur eben sehr individuell.

Ein weiteres Beispiel wäre der Leiter der **Herstellungsabteilung Anders Schüffel** (Abb. 2). Er ist ein sehr bemühter und williger junger Mann, der allerdings nicht gut im Unternehmen vernetzt ist und auch nicht alle Informationen besitzt oder gegebenenfalls falsche Informationen vermittelt – nicht aus Bösartigkeit, sondern weil er es ggf. nicht genauer weiß.

Ein weiteres und letztes Beispiel an dieser Stelle sei der arrogante und unerträglich überhebliche **Chef der Verkaufsabteilung, Herr Dr. Zwerg** (Abb. 3),

der allerdings hervorragend vernetzt und sehr einflussreich ist. Ein wichtiger Stakeholder, den man trotz möglicher Antipathie ernst nehmen und gut in Entscheidungsprozesse einbinden muss, will man eine nachhaltige Strategie etablieren. Natürlich macht es das Ganze nicht leichter, dass er gerne die Position des **Chief Innovation Officers CIO** der Verlagsgruppe eingenommen hätte, und nicht erfreut ist, dass man vor

Schritt 3: Die Charaktere – Wie Sie Emotionen ...

Abb. 2 Anders Schüffel, Herstellungsleiter (fiktiv)

Abb. 3 Dr. Zwerg, Vice President Sales (fiktiv)

Kurzem auf diese Position mit **Betty Gery** (Abb. 4), eine Frau von außerhalb des Unternehmens, berufen hat, die viel jünger als er und nun formal seine Vorgesetzte ist.

Abb. 4 Betty Gery, CIO (fiktiv)

An wessen Vorgaben also sollen sich die Teilnehmenden orientieren? Ohne hier genüsslicher ins Detail zu gehen, sehen Sie möglicherweise eines: die Charaktere dürfen und sollen sich gerne auch widersprechen.

Ziel der Selbstvorstellung der Personen ist es also, einerseits Informationen zu vermitteln, also ein konkretes Anwendungsbeispiel für die theoretischen Inhalte des ersten Teils jeder Veranstaltung aufzuzeigen, andererseits den Teilnehmenden ein Spektrum von Persönlichkeiten und Vernetzungen zu präsentieren, das Ihnen im realen Unternehmen so oder ähnlich ebenfalls begegnen wird. Dadurch wird neben der Vermittlung von Inhalten auch manches Thema zur Besprechung eröffnet, das man sonst möglicherweise nicht gestreift hätte, wie beispielsweise im Falle von der Lektorin auch die Frage nach dem Arbeitsrecht und dem Umgang mit schwierigen Mitarbeitenden. Wichtig ist mir persönlich an dieser Stelle aber nicht nur

Schritt 3: Die Charaktere – Wie Sie Emotionen ...

die sachliche Diskussion, sondern auch die Vermittlung ethischen Handelns: beispielsweise die Vermittlung von Wertschätzung und menschlichem Mitgefühl für alle Mitarbeitenden. Hier sehen Sie, wie die Grenze zwischen Storytelling hin zum Narrativ überschritten wird. Die Geschichte dient einem Ziel, einem „purpose", einem Sinn: nämlich junge Menschen ganz konkret auf die Zukunft in einem Unternehmen und ethische Managemententscheidungen vorzubereiten.

Wir sprechen dann oft in der nächsten Veranstaltung darüber, dass es nicht darum geht, Mitarbeitende nach Sympathie gut oder weniger gut zu behandeln, sondern jeden Menschen wertschätzend und ganzheitlich zu betrachten, und zu verstehen, welche Möglichkeiten man in einer Leitung oder strategischen Position hat, wenn man auf Mitarbeitende trifft, die herausfordern: sei es, weil sie Veränderungen nicht gleich begeistert begrüßen oder eigene Ziele verfolgen oder ähnliches.

An dieser Stelle möchte ich noch kurz das Thema Diversität ansprechen. In meiner Veranstaltung finden wir zwar eine Diversität in den Charakteren, was Alter und Geschlecht betrifft, nicht aber hinreichend genügend Diversität, was beispielsweise Kulturen und Herkünfte angeht. Das ist in meinem Falle möglicherweise nachvollziehbar, da es sich um einen kleinen Verlag in Deutschland handelt – dennoch könnte man über das Einbinden von mehr Diversität nachdenken. Hier sehen Sie also möglicherweise Potenzial für mein und auch Ihr eigenes Planspiel, Ihre eigene Vorlesung oder Ihren Vortrag. Auch ich arbeite noch an meiner Veranstaltung und bin gespannt, wohin sie mich in den kommenden Jahren noch bringen wird.

Beispiele für Selbstvorstellungen der Charaktere

Wir haben mehrfach über die Selbstvorstellung der Charaktere zu Beginn der zweiten Hälfte meiner Veranstaltungen gesprochen. Als Inspiration und zur Erläuterung, möchte ich Ihnen hier drei Beispiele vorstellen. So sehen die Selbstvorstellungen des Vorgesetzten, Herrn Dr. Schneider, der Lektorin Frau Schäfer und des Leiters der e-Products aus.

Dr. Schneider tritt auf.

Ja hallo allerseits,
  ich freue mich sehr, unsere Managementberatungen heute mal in personam kennenzulernen. Ich war ja an Ihrer Auswahl beteiligt, insofern kenne ich Sie ja alle so halbwegs schon.
  Sie wissen ja natürlich auch, ich bin Dr. Armin Schneider und werde während der ersten 100 Tage Ihr Vorgesetzter und Ansprechpartner im Notfall sein – viel bin ich ja nicht da, ich bin zurzeit sehr viel in NY. Am Ende der 100 Tage führen wir auch nochmals ein Gespräch und ich werde dann eines Ihrer Teams als neue Geschäftsführung von Domino vorschlagen.

Aber das wissen Sie ja alles, jetzt reden wir mal Tacheles.

Worum geht's hier?

Wir, von Ravenstein, haben zugeschlagen, als es ging. Wie man das eben macht als erfolgreiche Gruppe. Domino ist in der Community bekannt, vor allem bei Zahnärzten, und da sind wir noch nicht so drin in der Zielgruppe. Also wie

Schritt 3: Die Charaktere – Wie Sie Emotionen ...

ein Geier gekreist und gewartet, bis das Schiff fast gesunken war – lacht – und dann gekauft, wie das eben so geht.

Jetzt müssen Sie halt sehen, was Sie draus machen. Ich mein, die Marke ist etabliert – aber der Verlag selbst fast unbrauchbar, also ich meine jetzt die Workflows und Mitarbeiter – alles hoffnungslos rückständig. Also, da müssen Sie schon mit der Machete ran. Machen Sie mal ordentlich sauber und bauen Sie das Ganze so, dass das beste stark wird und alles andere – weg damit.

Sie können in den nächsten Tagen mal mit allen Abteilungsleitern sprechen, schauen Sie sich halt mal alles genau an. Letztlich müssen Sie das Ravenstein-Management und mich überzeugen – aber natürlich auch die Mitarbeiter, die Sie mitnehmen wollen. Ohne die geht's nicht. Die mochten den alten Chef sehr, den Uber. Der war mit allen per Du. Legendäre Weihnachtsfeiern. Das erwarten die Leute im Grunde auch von Ihnen, dass Sie weiterhin Reisen erster Klasse ermöglichen und so etwas – aber Sie müssen halt sehen, was geht. Finden Sie einen Weg, wo Sie die Leute trotzdem noch mitnehmen.

Sie haben jetzt gleich Gelegenheit, mich zu interviewen, denken Sie mal nach, was Ihnen jetzt wichtig ist, aber bitte nur zwei Fragen pro Team, ich muss nämlich nachher noch zum Flughafen und nach NY fliegen – da haben wir auch einen Verlag akquiriert, um den ich mich kümmern muss. Zum Glück bleibt da auch immer noch kurz Zeit, um zu Segeln – ich weiß nicht, wie's Ihnen geht, aber das finde ich super, wenn man Arbeit und Hobby verbinden kann.

Also jetzt aber genug geplaudert, bis gleich.

Sie sehen, wie hier in der Wortwahl bereits der Charakter sichtbar wird – jetzt braucht es eigentlich kein herausgehobenes schauspielerisches Talent mehr: schon das intensive Lesen des Textes ruft die Vorstellung eines speziellen Menschen hervor. Ein wenig joviales Auftreten und man nimmt mir die Rolle ab. Außerdem wird hier sichtbar, wie hilfreich es ist, einen Teil des Aufbaus Ihrer Veranstaltung vom Charakter erläutern zu lassen – dabei erklären Sie die Form Ihrer Veranstaltung gleich mit einem konkreten Beispiel, und nicht nur theoretisch.

So stellt sich die Lektorin, Frau Schäfer, vor:

Ja hallo,

Mein Name ist Elisabeth Schäfer, ich bin 55.

Ich hab' eine Ausbildung zur Industriekauffrau gemacht, war dann Assistenz im Lektorat und als der Lektor, Herr Dr. Neubauer, in den Ruhestand ging, habe ich das Lektorat übernommen.

Ich betreue Titel aus dem Bereich Homöopathie und Psychologie. Zahnmedizin macht bei uns nur der Herr Timo Schlenker, der ist aber oft unterwegs und heute nicht da. Wir sind hier bei Domino nur 2 Lektoren, da haben wir uns das klar aufgeteilt.

Meine Autoren und Autorinnen haben mir gesagt, wie wichtig es ist, dass wir die hohe Qualität unserer Bücher beibehalten, auch gerade was Papier, Druck und Umschlaggestaltung angeht. Also POD geht zum Beispiel GAR nicht. Sonst wollen sie auch auf keinen Fall mehr mit uns publizieren. Da macht keiner mit.

Ich bin auch nur heute da, morgen fahre ich zu einer Tagung für alternative Medizin nach Südfrankreich und bin dann eine Woche lang da, wie jedes Jahr. Ein TOLLES Hotel, das sollten Sie unbedingt auch mal kennenlernen!

Ich habe hier übrigens auch gerade einen Stapel von möglichen Übersetzungswerken mitgebracht, englische Titel zum Thema Homöopathie, vielleicht können Sie gleich mit mir entscheiden, ob wir die machen wollen? Ihr Vorgänger, der Herr Dr. Uber, hat das auch immer so gemacht.

Auch hier hören Sie eine bestimmte Stimme. Ich spreche Frau Schäfer immer auf bestimmte Weise, mit einer etwas näselnden, gequetscht klingenden Stimme, behäbig, langsam, rechthaberisch…, aber im Versuch,

Schritt 3: Die Charaktere – Wie Sie Emotionen ...

nicht zu übertreiben. Die Wortwahl an sich reicht schon aus.

Als drittes Beispiel hören wir noch die Selbstvorstellung von **Corey Sands** (Abb. 5). Er ist der **Leiter der e-Products-Abteilung** aus New York.

Hi, my name is Corey. I am from New York, as you might hear. I've been living in Germany for some time now, but my Deutsch ist noch nicht gut. So thanks for allowing me to speak English with you guys.

I am head of e-products at Domino. My team of 3 people and I are extremely dedicated to the job. We even do lots of programming in-house, which is really great, as we then have full control of our products.

At Domino, we currently have 7 e-products. Three of them are for clinicians, so medical doctors who work at clinics, 3 are for medical doctors at their offices as well as for students, and 1 is a learning platform for students.

Most of these products have their own hosting system and are programmed in their own programming language. 3 of

Abb. 5 Leitung e-Products, Corey Sands (fiktiv)

them have an API to our database, which would also work for the Ravenstein database.

We've developed our products together with different external programmers over the years – as testing balloons, to see which one would perform best. Most of them are not yet profitable. But I'm sure we will make it work!

I guess numbers say that the big e-platform is rather profitable. You'll get an overview after this meeting. Our largest e-platform luckily is built on the same technology as Ravenstein's student platform, which is helpful.

The other products still have to become profitable. We have had to invest quite a bit lately, to keep them up-to-date. I have created an overview chart for you here.

Und dann hält er eine kurze PowerPoint-Präsentation, in der er die e-Products des Domino-Verlags im Überblick präsentiert.

Auch hier sehen Sie: Nicht das Schauspielern der Person trägt am stärksten, sondern die gute Vorbereitung der Selbstvorstellung. Manchmal lese ich Teile der Selbstvorstellungen ab – ich hatte nie den Eindruck, dass dies die Person geschmälert hätte. Dennoch bereite ich mich gut vor und versetze mich jedes Mal in den Charakter, der dieser Person zugrunde liegt.

Die Personen, die ich für meine Vorlesung erschaffen habe, sind allesamt fiktiv. Ihre Aussagen sind meiner beruflichen Erfahrung entnommen, konkrete Aussagen und Beispiele aber frei erfunden. Auch die zugrunde liegenden Persönlichkeiten entsprechen nicht Personen meiner beruflichen Vergangenheit, sondern wurden aus Personen neu zusammengestellt, denen ich im Laufe meines Lebens begegnet bin, und die als Inspiration und Vorlage für die fiktiven Charaktere galten. So kann ich es Ihnen auch empfehlen.

Charaktere werfen Themen auf

Ich möchte an dieser Stelle ein paar konkrete Erfahrungen mitteilen, warum ich Personen in einem Narrativ für so besonders hilfreich halte. Das Kennenlernen der schwierigen Lektorin Frau Schaefer beispielsweise führt in meinen Veranstaltungen stets dazu, dass die Teams im Anschluss erregt und teilweise aufgebracht diskutieren, wie sie diese anstrengende Mitarbeiterin schnellstmöglich entlassen können. Diese Diskussion wird sogar manchmal noch auf den Gängen der Hochschule fortgesetzt.

Diese Emotion bringt uns dann gemeinsam zu der Frage, ob es arbeitsrechtlich möglich und menschlich die beste Lösung ist, widerstrebende Mitarbeitende „einfach" zu entlassen. Hier ermöglicht die Emotionalität eine sehr aktive Debatte. Es geht alle an. Alle müssen für die Lektorin eine Lösung finden. Denn die Lösung muss ins Strategiepapier, und sonst wird man schlechter bewertet. Was also tun?

Ein weiteres Beispiel ist der emotionale Auftritt von **Frau Schumer** (Abb. 6) **der Leiterin der Customer-Service-Abteilung**.

Die hier auftretende Frau Schumer schildert verständlich und nachvollziehbar die Sorge der Mitarbeitenden, durch die Integration in die große Verlagsgruppe ins Ausland versetzt zu werden, da die Verlagsgruppe Ravenstein selbst einen Customer Service im Ausland besitzt. Diese Gefahr ist im Planspiel und auch im realen Leben oft nicht von der Hand zu weisen, und es gilt nun, mit den Ängsten und Erwartungen der Mitarbeitenden adäquat umzugehen.

Nicht zuletzt gibt es in meinem Planspiel auch einen Mitarbeiter aus New York, nämlich den Leiter der Abteilung e-Products, der nur englisch sprechen kann, wir haben seine Selbstvorstellung im vorangehenden Kapitel

Abb. 6 Frau Schumer, Leitung Customer Service (fiktiv)

gelesen. Dies ermöglicht es, im Rahmen der Veranstaltung auch einmal zu zeigen, wie wichtig die englische Sprache heute im Unternehmen ist. Es ist immer eine gewisse Hürde, Englisch zu sprechen. Wenn jedoch die auftretende Person konsequent freundlich aber bestimmt nur Englisch versteht, ermutigt es die Studierenden, eben doch auf Englisch zu interagieren.

Jener Leiter der elektronischen Produktabteilung ist in meinem fiktiven Planspiel ein Mitarbeiter aus New York, der ein wenig überspitzt, aber doch durchaus nicht ganz unrealistisch, stets den Satz „Yes we can" von sich gibt. Er formuliert also, dass alles möglich sei, was die Studierenden ihn fragen. Neuprogrammierung aller Apps? No problem! Zusammenführung aller digitalen Plattformen: Sure, we can do it! Dass solche Ideen mit sehr hohen Kosten und großem Zeitaufwand einhergehen, erwähnt er nicht von sich aus. Dies entspricht meiner Erfahrung, wonach amerikanische Mitarbeitende, die teilweise andere und weniger sichere Arbeitsverträge haben, generell sehr positiv auf Fragen nach der Machbarkeit von Ideen reagieren, auch dann, wenn deutliche Hürden sichtbar oder im Hintergrund vorhanden sind. Diese kulturelle Dimension, die durchaus ein wenig einem Vorurteil entspringt, aber doch im realen Leben nicht vernachlässigbar ist, lässt sich auch über das Planspiel zumindest in Ansätzen erleben.

Am Ende der Veranstaltung bleiben einige der Charaktere in besonderer Erinnerung und gemeinsam mit ihnen auch der vermittelte Inhalt. Dazu gehört nicht nur die schwierige Lektorin oder der arrogante Chef der Sales-Abteilung,

sondern auch der bemühte Hersteller, die ängstliche Dame aus dem Customer Service oder die Perfektionistin, die die Marketingabteilung leitet. Verbunden mit den Charakteren und der Sorge, dem Ärger, dem Humor, den man teilte, merken sich die Teilnehmenden auch die Inhalte: in meinem Beispiel also die Herausforderungen der Publishing-Branche in verschiedenen Zweigen. Sie lernen überdies Möglichkeiten kennen, mit den

Mitarbeitenden wertschätzend gemeinsam Lösungen zu finden.

Wie nehme ich jemanden mit, der Veränderungen ablehnt? Wie gewinne ich jemanden für meine Sache, der lieber selbst in meine Position gelangt wäre? Wie nehme ich Mitarbeitenden Sorgen und Ängste, ohne etwas zu versprechen, das ich nachher nicht halten kann?

Ein Beispiel das ich zuletzt noch erwähnen möchte: wenn die Studierenden der Lektorin ungünstig formulierte Fragen stellen, wie beispielsweise, ob sie sich vorstellen könnte, wenigstens „ein bisschen innovativ zu denken" (so geschehen in einer Veranstaltung), so ruft die Lektorin durchaus auch einmal den Betriebsrat auf den Plan, Zitat: „Nein, also DAS beantworte ich so nicht ohne den Betriebsrat!". Viele solcher Situationen entspringen Erfahrungen aus meinem eigenen Berufsleben oder dem naher Bekannter, wobei ich persönlich viel lieber eine solche Erfahrung in einem Planspiel als in der Realität gesammelt hätte …

Sie sehen also, dass das Narrativ in natürlicher Weise eine deutlich weitere Spannweite an Thematiken eröffnet und auch dynamisch auf die Teilnehmenden eingehen kann. Wie können Sie Ihren Zuhörenden hier maximal viel bieten? Welche Charaktere sollten bei Ihnen auftreten?

Ihre Charaktere erstellen: Typen verkörpern Themen

Wenn Sie Gefallen daran gefunden haben, Ihre Veranstaltung mit einem Narrativ und Charakteren zu bereichern oder zumindest schon intensiv darüber nachdenken, wie Sie diese Idee umsetzen können – wenn Sie bald dabei sind, zu überlegen, welche konkreten Charaktere in ihrer Geschichte auftauchen können, dann hat sich folgender Prozess zur Charaktererstellung bewährt. Zunächst ist es hilfreich, mit verschiedenen Themen verschiedene Charaktere zu verbinden. Das sehen Sie ja auch in vielen Märchen realisiert: Rotkäppchen steht für etwas wie die Verkörperung der naiven Unschuld. Der Wolf für die schamlose egoistische, Naivität ausnutzende Unmoral. Die Großmutter für die Familie und die Auswirkung von Unmoral, … jede Person hat ein Thema, das sie verkörpert.

Genau so dürfen Sie über Ihre Personen auch nachdenken. Wie können Sie sie so bauen, dass jeder Charakter ein Thema verkörpert? Für mich bedeutete dies beispielsweise, dass in meinen Vorlesungssitzungen nie mehrere Charaktere auftreten, sondern dass in einer Sitzung ein Thema und ein Charakter erscheint, der das Thema verkörpert.

Das erzeugt Wiedererkennungswert und hilft bei der Erinnerung. In meinem Fall war es wie erwähnt so, dass wir in jeder Sitzung eine Abteilung und deren Inhalte behandelt haben. In jeder Abteilung gab es eine Abteilungsleiter oder eine Abteilungsleiterin, einen Mitarbeitenden oder eine Mitarbeitende, die man stellvertretend für die Abteilung kennen lernen konnte. Sie haben einige der Personen bereits kennengelernt. So verbleiben in der Erinnerung meiner Teilnehmenden stets Charakter und Thema untrennbar. Sales – das ist bei mir Dr. Zwerg. Lektorat – das ist Frau Schäfer. Herstellung: Herr Schüffel. Ihre Charaktere stehen dann in der Erinnerung der Teilnehmenden symbolisch für bestimmte Themen, die Sie im Laufe der Veranstaltung behandelt haben.

Haben Sie bestimmte Themen Schwerpunkte identifiziert und können Ihnen eine bestimmte Anzahl von Charakteren zuordnen, dann ist die nächste Aufgabe, diese Charaktere mit bestimmten Persönlichkeiten zu besetzen. Überlegen Sie: Welche typischen Charaktere und Personen tauchen in Ihrer Branche auf? Mit welchen Herausforderungen werden Ihre Teilnehmenden sich im Laufe ihrer Karriere auseinandersetzen müssen? Welche Personen haben Sie im Laufe Ihres Lebens beeindruckt und wodurch?

Oder wenn es um einen Vortrag im Verein oder im Privaten geht: Welche Charaktere sind auch Ihren Zuhörenden bedeutsam? Welche kennen Sie vielleicht alle? Auf wen können Sie sich in Ihrer Charaktererstellung berufen, vielleicht sogar in Form eines verbindenden Insider-Witzes (der nie verletzend sein sollte, sondern immer wertschätzend).

Ihre Charaktere positionieren sich

In meinem Fall habe ich alle Personen so aufgebaut, dass sie einerseits ein bestimmtes Thema verkörpern (wie im vorhergehenden Abschnitt beschrieben), andererseits aber sich auch in einer speziellen Weise zu einem großen Oberthema positionieren. In meinem Fall lautet das Oberthema „Change". An diesem Überbegriff habe ich die Positionierung meiner Charaktere festgemacht.

Dazu fragte ich mich: Wie reagieren Menschen auf Change, auf Veränderung? Es gibt diejenigen, die Veränderungen grundsätzlich ablehnen. Sicherlich kennen auch Sie jemanden aus Ihrer Vergangenheit, der Veränderungen nur schwer ertragen kann oder ganz verweigert. Das wäre also eine Dimension im Reaktionsspektrum rund um den Begriff „Change". Eben dieser Reaktion habe ich dann einen Charakter zugeordnet, in meinem Fall die Ihnen inzwischen auch schon ein wenig vertraute Lektorin Frau Schäfer.

Dann gibt es die anderen, die Veränderung spannend finden, die mitmachen wollen, aber keinen großen

Einfluss im Unternehmen haben. Möglicherweise sind sie Stakeholder, Influenzer, aber in der zweiten Reihe – also Menschen, die keine offizielle Leitungsfunktion oder keinen offiziellen Rang haben, Change voranzutreiben. Dennoch ist es möglich, dass andere Mitarbeitende auf eben diese Influenzer schauen und sich nach ihnen richten. Unterstützer des Changes ohne großen Einfluss machen also eine weitere Dimension möglicher Reaktionen auf das Thema Change für mich aus. Dieser Dimension ordnete ich die Person des Herstellungsleiters Herrn Schüffel zu. Ein netter junger Mann, interessiert und offen, aber ohne großen Einfluss im Unternehmen.

Wie könnte man noch auf Change reagieren? Eine weitere Möglichkeit ist die, dass man sehr viel Einfluss hat, auch Change nicht grundsätzlich ablehnt, aber sehr eigene und eigenwillige Vorstellungen davon hat, wie die zukünftige Strategie des Unternehmens auszusehen hat. Diese Reaktionsmöglichkeit auf das Thema Change habe ich in meinem Planspiel ebenfalls einen Charakter zugewiesen. In meinem Fall war das der Leiter der Verkaufsabteilung, Dr. Zwerg. Dr. Zwerg spielt in meinem Planspiel die Rolle des Vize-Präsidenten für Verkauf in der Verlagsgruppe, der interim die Leitungsfunktion von Sales bei Domino übernommen hat. Dr. Zwerg tritt in meinem Planspiel sehr arrogant auf, ein wenig überzeichnet sogar, ist aber außerordentlich klug. Change gegenüber ist er nicht grundlegend kritisch eingestellt, nur hat er sehr eigene Ideen davon, wie das Unternehmen sich in der Zukunft ausrichten soll. Diese Ideen hätte er gerne in der kürzlich ausgeschriebenen Position des CIO (Chief Innovation Officers) ausgelebt, ich berichtete zuvor, dass diese Stelle aber vor Kurzem mit einer Frau aus einem anderen Unternehmen besetzt wurde, Betty Gery.

Dies ist für Dr. Zwerg natürlich herausfordernd. Ich zeige diesen Konflikt in einer Szene auf, bei der Frau

Gery einen Vortrag hält und von Dr. Zwerg unterbrochen wird (manchmal gelingt es, diese Rolle durch einen Gast besetzen zu lassen, was immer ein besonderer Gewinn ist).

Um das Thema des Change also nochmals zuzuspitzen, laufen die Ideen eines Charakters den Ideen der so genannten „Holding", also der Führungsebene der Verlagsgruppe, entgegen. Diese stellt eine weitere und hier zunächst letzte Dimension der Möglichkeit des Umgangs mit Change dar.

Für die Führungsebene habe ich, wie bereits angedeutet, eine Person gestaltet, die junge und smarte Frau Gery, die gerade Mitglied der Holding geworden ist. In meinem Planspiel tritt diese unbekümmert und stark auf und kommuniziert ihre Strategie für Content im Unternehmen. Ihre Content Strategy ist der von Herrn Dr. Zwerg entgegengesetzt oder stimmt zumindest nicht mit ihr überein. Hier kommt es also zu unterschiedlichen Zielvorstellungen. Die Teilnehmenden müssen lernen, in welcher Weise sie diese unterschiedlichen Vorstellungen in ihrer Strategie berücksichtigen und einbinden können.

In ähnlicher Weise können auch Sie ihre Charaktere um ein zentrales Thema positionieren. Man kann sich also zuerst fragen:

- Gibt es bestimmte Themenschwerpunkte in Ihrer Veranstaltung, die Sie nacheinander abhandeln werden, wie in meiner Veranstaltung die verschiedenen Abteilungen? So könnten Sie einem Thema einen Typen zuordnen.
- Gibt es außerdem ein Überthema, wie beim Thema „Change"? So können Sie Ihre auftretenden Personen darin unterscheiden, wie diese sich zum Überthema positionieren.

So werden ihre Teilnehmenden einerseits die verschiedenen Themen Ihrer Veranstaltungen oder Abschnitte mit Personen identifizieren und in Erinnerung behalten. Andererseits entfalten Sie vor Ihren Teilnehmenden ein Spektrum an Persönlichkeiten – verschiedene Typen.

Nicht zuletzt möchte ich noch darauf hinweisen, dass es sehr hilfreich ist, die auftretenden Charaktere so anzulegen, dass sie verschiedene Persönlichkeitstypen repräsentieren. So kann beispielsweise eine Mischung entstehen aus alten und jungen Mitarbeitenden, aus Menschen unterschiedlicher kultureller Hintergründe sowie aus Menschen unterschiedlicher Temperamente. Sie müssen dies gegebenenfalls gar nicht erfinden. Schauen Sie zurück in Ihren Lebensweg: an wen erinnern Sie sich besonders intensiv? Wer ist Ihnen sehr positiv, wer durchaus aber auch negativ in Erinnerung geblieben? Wenn Sie diese Charaktere ihrer eigenen Vergangenheit zum Vorbild nehmen, wird es Ihnen viel leichter fallen, die Charaktere in Ihrer Veranstaltung zu verkörpern.

Sie werden die Charaktere dann nicht überzeichnen, sondern können diese sehr natürlich und lebensecht darstellen, da Sie selbst sich sicher erinnern können, wie die entsprechenden Personen in ihrer Vergangenheit gesprochen, sich bewegt oder reagiert haben.

Sind Sie jemand, der sehr leicht frei spricht und improvisiert? Dann können Sie zum Beispiel die Selbstvorstellung einfach frei sprechen. Sind Sie jemand, dem das eher etwas ferner steht? Dann können Sie die Selbstvorstellung auch einmal ablesen, wie ich es ab und zu tue. Ein Großteil der Wirkung der fiktiven Charaktere gelangt auch in der Interviewsituation zu den Teilnehmenden.

Ihre Charaktere im Interview

Wenn es sich in Ihrer Veranstaltung anbietet, sollten Sie den Teilnehmenden die Möglichkeit geben, selbst mit Ihren Charakteren zu interagieren. Hier verlassen wir das reine Storytelling und treten ins Narrativ über. Sie aktivieren Ihre Teilnehmenden. Die Figuren treten aus der Frontalvorstellung hinein in die Mitte des Raums, sie gewinnen an Authentizität.

Ich lade stets eins der Teams ein, zu beginnen. Jedes Team hat zwei Fragen, diese zwei Fragen werden im Plenum gestellt und alle hören sowohl die Fragen als auch die Antworten. Daher lohnt es sich, die Teams vorher zu informieren, dass man gegebenenfalls drei oder vier Fragen vorbereiten sollte, falls die eigenen Fragen durch andere Teams gestellt und hinreichend beantwortet werden sollten. Wenn ein Team eine Frage stellt, dann höre ich als Charakter zu, beispielsweise eben als Frau Schäfer oder Herr Dr. Zwerg. Ich antworte dann auch ausnahmslos aus der Rolle heraus und verlasse diese Rolle niemals, auch nicht für einen Kommentar. Feedback zu der gestellten Frage gibt es erst, nachdem alle Teams ihre Fragen gestellt und alle Antworten gegeben sind. Auch erst, nachdem der Charakter von der Bühne verabschiedet wurde. So lange bleibe ich im Charakter der Frau Schäfer oder des Herrn Schüffel oder Dr. Zwerg.

Der Charakter darf stets so antworten, wie es Charaktere im wahren Leben täten. Es gibt Antworten, die verweigert werden können. Es gibt Antworten, die falsch sein können. Es gibt bissige Kommentare, freundliches Ausweichen, Ablenkmanöver. Diese Antworten bereite ich bewusst nicht vor, sondern ich versenke mich ganz in meine Erinnerung an jene Person, an die ich den Charakter angelehnt habe. So gelingt es recht natürlich, in einer der echten Person sehr ähnlichen Weise auf die Fragen aus dem Plenum zu reagieren.

Sind alle Fragen gestellt und beantwortet, verabschiede ich mit einem Satz die Person aus dem Raum. Dieser Satz kann beispielsweise lauten: „Nun verabschiedet sich Frau Schäfer und verlässt den Raum". Danach sage ich etwas wie: „Jetzt sind wir wieder unter uns, lassen Sie uns kurz die Fragerunde reflektieren". An dieser Stelle gehe ich gegebenenfalls kurz auf bestimmte Fragen und Antworten ein. Sollte jemand beispielsweise einen Charakter gereizt haben und es eine gereizte Reaktion gegeben haben, erwähne ich kurz, dass es wertvoll ist, dass wir solch eine Situation erlebt haben. Gemeinsam überlegen wir im Plenum, woran es gelegen haben kann, dass die Situation sich so entwickelt hat. Wir überlegen ferner, wie man die Situation in der Realität möglicherweise besser gestalten kann.

Hat ein Charakter eine falsche Aussage gemacht, so werde ich zumindest darauf hinweisen, dass man Aussagen von Mitarbeitenden, wie in einem qualitativen Interview, durchaus noch durch Fragen an weitere Personen eines Unternehmens stützen sollte. Hat ein Charakter, kulturell oder persönlichkeitsbedingt, beispielsweise eine zu große Zusage gemacht über ein möglicherweise nicht so mögliches Projekt, so weise ich auf kulturelle Unterschiedlichkeiten im Umgang mit Management-Anforderungen hin.

Insgesamt gelingt so ein Verständnis davon, wie unterschiedlich man mit unterschiedlichen Charakteren in einem Unternehmen sprechen muss und wie sehr das Gelingen eines Gespräches eine unabdingbare Grundlage für das Erstellen einer Strategie ist. Nach meiner Erfahrung entstehen durch diese Interaktion mit den Charakteren in den Teilnehmenden starke Emotionen. Beispielsweise entsteht Enttäuschung, Wut, Ablehnung oder Unsicherheit nach dem Auftreten von Frau Schäfer.

Ihr Unwillen und ihr Unverständnis gegenüber notwendigen Veränderungen im Unternehmen, verärgert meine Teilnehmenden.

Dies ist ein hervorragendes Potenzial, um über Grundsätze der Zusammenarbeit in einem Unternehmen und auch Personalrecht zu sprechen. Den Ärger der Teilnehmenden sollte man jedoch zunächst ein wenig aushalten. Ich gehe immer erst in der nächsten Veranstaltung auf den Umgang mit solchen Mitarbeitenden ein, sodass die Verärgerung eine Woche oder einige Tage lang in den Teilnehmenden wirken kann. Auf diese Weise wird der Charakter und der Inhalt der Vorlesung sich emotional in den Erinnerungen stärker festsetzen.

Konflikte zwischen Charakteren

Wir haben es schon ab und an angesprochen und Sie haben einige meiner Beispiele kennengelernt, in denen Charaktere sich durchaus auch inhaltlich widersprechen. Darin liegt ungeheuer viel Potenzial, und daher möchte ich hier noch einmal näher herangehen.

In meinem Planspiel – wie ja auch in jedem Unternehmen – haben die meisten Leute einen eigenen Horizont und eine eigene Agenda.

- Die Lektorin denkt beispielsweise, ihre Autoren und Autorinnen würden POD sicher verweigern. Vielleicht will sie sich aber auch einfach selbst nicht mit dem Thema auseinandersetzen.
- Der Herstellungsleiter hingegen hält POD für essenziell. Aber bisher hat er keine Unterstützung von der Verlagsleitung dafür bekommen. Als Perfektionist sieht er außerdem viele Hindernisse.

Schritt 3: Die Charaktere – Wie Sie Emotionen ... 61

- Herr Dr. Schneider denkt, man müsse hauptsächlich den Domino-Content in die Verlagsgruppe Ravenstein und ihre Produkte integrieren. Die Mitarbeitenden stehen für ihn an zweiter Stelle. Die Leitung des Customer Service hat also möglicherweise gar nicht so unbegründet Sorgen um ihren Arbeitsplatz.
- Und nicht zuletzt haben wir den Vize-Verkaufschef kennengelernt, der eine von der Verlagsleitung und der CIO, Frau Gery, abweichende Meinung vertritt – aus persönlichen und inhaltlichen Gründen, die sich oft ohnehin nur schwer trennen lassen.

Ich möchte diesem Thema hier nochmal ein Unterkapitel widmen, da so viel Potenzial darin liegt. Wenn Ihre Charaktere unterschiedliche und einander entgegenstehende Meinungen vertreten, entsteht großes Potenzial für Diskussionen und Themen.

Sie können dadurch die Meinungen Ihres Zuschauerraumes aufgreifen und jeder Meinung Gehör verschaffen. Das kann sich gut eignen, wenn Sie ein Kind unterrichten – vielleicht gibt es zwei Charaktere, das eine ein Engelchen, das andere ein Monsterchen. Oder bei Ihrem Vortrag im Verein: Vielleicht vertreten Ihre Charaktere Meinungen aus dem Zuschauerraum, die einander entgegenstehen? Vielleicht sind alle Charaktere sympathisch und gut nachvollziehbar. Oder jemand funkt dauernd dazwischen?

In meinem Planspiel wird der Konflikt im Falle des Vize-Verkaufschefs auch einmal live auf die Spitze getrieben. Frau Gery, die gerade erst vor Kurzem die neue Chief Innovation Officer von Ravenstein geworden ist, formuliert in einer Präsentation eine Zukunftsstrategie für den Content der Verlagsgruppe. Inhalt dieser Präsentation sind neue Trends und Best Practices der Branche – schließlich sollen meine Studierenden ja auch lernen, was aktuell diskutiert wird. Teile der von ihr präsentierten Strategie sind beispielsweise der Ausbau von Open Access oder von Community Publishing.

Ich lasse Herrn Dr. Zwerg dann mitten in ihre Präsentation platzen. Das geht natürlich nur, wenn mich ein Kollege oder eine Kollegin unterstützt und die Rolle übernimmt. Vielleicht könnte ich es auch alleine spielen – zwei Charaktere auf der Bühne habe ich aber bisher noch nicht selbst dargestellt.

Dr. Zwerg formuliert dann – und das könnte er ja auch in einer nachfolgenden Sitzung tun – in seiner Selbstvorstellung von der vorhergehenden Präsentation der CIO abweichende Ziele: wie beispielsweise den Ausbau des B2B-Geschäftes mit Bibliotheken, eine historisch sehr erfolgreiche und etablierte Strategie vieler Verlage, auch heute noch. Explizit erwähnt er, dass er von Community Publishing wenig hält, dass darin kein Geld läge, dass man das B2B-Geschäft nicht kannibalisieren solle mit Ideen im Unternehmen, die „Zeit vom eigentlichen Business stählen". Seine Meinungen sind keineswegs „falsch" oder nicht mehr aktuell. Im Gegenteil, viele Verlagshäuser setzen heute noch sehr erfolgreich auf genau diese Strategien, zumindest in Teilen. Das macht den Konflikt ja überhaupt erst interessant und aktuell.

Mitten in ihrem Vortrag wird Frau Gery, die CIO, also unterbrochen, da Herr Dr. Zwerg den Raum betritt. Er beansprucht sofort für sich, jetzt seinen Vortrag zu halten, da er zeitlich eng eingespannt sei und danach gleich weiter müsse. Frau Gery kann nun unterschiedlich reagieren. In meinem Fall überlässt sie Herrn Dr. Zwerg die Bühne. Er trägt dann seine Meinung vor, die, wie beschrieben, im Kontrast zu den Zielen der Geschäftsführung steht. Der Kontrast ist nun umso stärker, da die Teilnehmenden erst vor wenigen Minuten die Präsentation der Holding gehört haben.

Unterdrücktes Lachen und Kichern aus dem Teilnehmendenkreis zeigt mir meist, dass die Teilnehmenden verstehen, dass Herr Dr. Zwerg hier in Opposition zur Holding denkt und spricht. Ich lasse die CIO dann mehr oder weniger höflich aber bestimmt Teile der von Dr. Zwerg kommunizierten Meinungen und Strategien kommentieren. Hier entsteht eine deutliche Spannung, die von den Teilnehmenden und Zuschauenden dann durchaus realisiert wird.

Haben beide Charaktere schließlich die Bühne verlassen, sprechen wir auch über das Thema Wettkampf, Hierarchie und Rivalität in einem Unternehmen. Wir diskutieren, wie man selbst in der einen oder anderen Rolle agieren kann. Hierbei können auch Themen wie Diversität oder Gender aufgegriffen werden. Natürlich ist es dabei herausfordernd, nicht zu stereotypisieren. Doch auch Themen wie Mobbing oder Konkurrenzkampf gehören meiner Meinung nach unbedingt diskutiert, will man Teilnehmende für die große Bandbreite an Herausforderungen im Arbeitsleben sensibilisieren. Hier liegt auch für Ihre Charaktere großes Potenzial.

Unterstützend möchte ich Sie einladen, an dieser Stelle aus meinem Planspiel wieder gedanklich hinüberzuwechseln in Ihre eigene Thematik. Welches sind Herausforderungen in Ihrem Thema? Gibt es dort Konkurrenzkampf? Wie spielt sich dieser ab? Wo haben Sie ihn ganz konkret schon erlebt und wie? Können Sie dieses Erlebnis aufgreifen? Wie positionieren sich Menschen zu diesem Thema? Wo geraten sie aneinander? Wie können Sie solche Konflikte durch Ihre Charaktere ausdrücken?

Wenn es beispielsweise um einen Unterricht geht: welche Meinungen könnten in Ihren Schülern, Schülerinnen oder Studierenden auftauchen, die Sie als externe Charaktere auftreten lassen könnten?

Schritt 4: Die erste Stunde – Wie Sie gemeinsam ins Narrativ starten

In diesem Kapitel möchte ich sehr konkret über den Aufbau der ersten Veranstaltung oder der ersten Stunde, des ersten Abschnitts oder Teiles Ihrer Veranstaltung sprechen. In dieser ersten Stunde wird das Setting erschaffen und Ihre Ziele kommuniziert. Wenn Sie einen einmaligen Vortrag halten, dann entspräche dem der erste Abschnitt Ihres Vortrags.

Wo starten wir, was wird geschehen und welche Rolle spiele ich als Zuhörender oder Zuhörende? Ein Kind im Unterricht möchte genauso verstehen, was nun geschieht, wo es sich befindet, was es tun muss und wohin die Reise geht, was erwartet wird und wo das Ziel liegt, wie ein Erwachsener in einem Workshop oder ein Studierender in einer Veranstaltung an einer Hochschule, ein Vereins- oder Familienmitglied. Wird das Setting unzureichend aufgebaut oder die Ziele nicht klar formuliert, verlieren Sie das Engagement der Teilnehmenden.

- Ich beginne also stets damit, dass ich zunächst über Inhaltliches der Veranstaltung spreche: Worum wird es gehen (bei mir: einen kleinen Verlag, der von einer Verlagsgruppe akquiriert wird, der unrentabel ist und einen neuen Weg finden muss).
- Danach spreche ich über Formales: Was ist das Ziel der Vorlesung, wie wird die Note erreicht, was wird benotet und ob es eine Sprechstunde jenseits meiner Veranstaltung gibt (Ziel: Erstellen eines Vortrags und einer Strategie im Team, Abgabe als Hausarbeit mit einer bestimmten Anzahl Seiten und Formatierung etc. …).
- Als Nächstes stelle ich mich selbst kurz vor, sodass die Teilnehmenden wissen, mit wem sie es zu tun haben.
- Nicht zuletzt starten wir dann mit einem kurzen Eisbrecher, also einer Fragerunde an die Teilnehmenden, einer Vorstellungsrunde, in der jeder und jeder kurz den eigenen Namen nennt, den persönlichen Hintergrund in einem Satz und ein persönliches Detail, das ich vorgebe, wie beispielsweise einen aktuellen Lieblingsfilm oder eine Lieblingsserie oder Ähnliches.
- In der zweiten Hälfte der Veranstaltung starten wir dann bereits ins Thema.

Teil 1 der ersten Veranstaltung

Im ersten Teil der ersten Veranstaltung (oder wenn es ein Vortrag ist oder eine Erzählung, die Sie planen, dann eben im ersten Abschnitt) geht es also um die Grundinformationen:

- Was machen wir hier?
- Welche Rolle spielen die Zuhörenden?
- Wo geht die Reise hin?
- Und wer ist noch alles im Raum?

Schritt 4: Die erste Stunde – Wie Sie gemeinsam ...

In einer Veranstaltung eines großen Verlagshauses habe ich einmal eine Eisbrecher-Frage bekommen, die mir überraschenderweise sehr gefallen hat und die ich Ihnen als Anregung mitgeben möchte. Wir sollten – jede und jeder – kurz unseren Namen nennen, unsere Position und dann: was unsere Lieblingsfarbe und unser Lieblingstier sei. Was zunächst – so fand ich es jedenfalls – so albern und unangenehm geklungen haben mag: es war tatsächlich sehr lustig!

Stellen Sie es sich lebhaft vor: Herrschaften in eleganter Business-Kleidung sagten dann etwas wie: „Ja, also, ich bin der Herr Schulze, Business-Manager in der Finanzabteilung, meine Lieblingsfarbe ist blau und mein Lieblingstier der Delfin." Es war wirklich extrem lustig und blieb lange im Gedächtnis. Bringen Sie Ihre Teilnehmenden hier, wenn möglich, zum Schmunzeln – man erinnert sich besser und es entsteht eine lockere Atmosphäre. Außerdem: Intelligenz erreicht die Köpfe, Humor die Herzen.

Wenn die Teilnehmenden sich kennen und es nicht zu viele sind (vielleicht maximal ca. 25), können Sie auch ein weiteres Eisbrecher-Spiel anwenden, mit dem ich mehrmals Erfolg hatte. Lassen Sie alle Teilnehmenden verdeckt auf einen Zettel ihren Allzeit-Lieblingsfilm aufschreiben. Sammeln Sie anschließend alle Zettel ein und gehen Sie nach vorne. Dort brauchen Sie eine vorbereitete Wand, auf der die Namen aller Teilnehmenden untereinander oder nebeneinander stehen. Sie ziehen den ersten Zettel und lesen laut vor, welcher Film darauf steht, z. B. „Mary Poppins". Nun lassen Sie das Plenum kurz raten, wer dies wohl geschrieben haben könnte – wobei Sie nach ca. 10 s jeweils auflösend fragen: „Und, wer hat es nun wirklich geschrieben?" Dann darf sich die Person outen und ggf. nochmal einen Satz sagen, warum ihm oder ihr der Film so gut gefiel.

Dieses Spiel hat mir mehr als einmal geholfen, eine etwas zerstrittene Gruppe komplett aufzulockern und einen entspannten Workshop zu gestalten. Denn, wenn der durchtrainierte und wortkarge IT-Chef als Lieblingsfilm „Tatsächlich Liebe" nennt, müssen alle mitlachen – auf freundliche Weise.

Nach dieser, meines Erachtens in jeder Veranstaltung sehr wertvoll investierten, Zeit des Eisbrechens (nicht zu lange, aber vielleicht 1/4 der ersten Sitzung), starten wir mit der eigentlichen Vorlesung, dem eigentlichen Thema. Ich beginne stets mit einem großen Startbild – also der tatsächlichen Projektion eines Fotos. Denn, immerhin heißt es ja: Ein Bild sagt mehr als tausend Worte – und da ist schon etwas dran.

Auf meinem Startbild ist ein elegantes Büro zu sehen, das in etwa so aussieht (Abb. 1):

Ein Tisch, Drehstühle, eine Fensterfront. Ich teile den Zuhörenden mit, dass dies der neue Arbeitsplatz der Teilnehmenden für die kommenden Veranstaltungen sein

Abb. 1 Konferenzraum in der Ravenstein-Gruppe (fiktiv)

wird – ein Konferenzraum bei Ravenstein, in dem sie periodisch zusammenkommen werden.

Ich kommuniziere, dass alle von Ihnen Manager und Managerinnen in Beratungsfirmen sein werden. Gemeinsam überlegen wir dann, was als Manager oder Managerin in den ersten 100 Tagen in einem Unternehmen zu tun wäre, beziehungsweise, was die Aufgabe einer Managementberatung wäre.

Wir entwickeln so, dass ein wichtiger erster Schritt ist, den Ist-Zustand des Unternehmens kennenzulernen. Wir erarbeiten, dass bestimmte Randbedingungen und Zielsetzungen des Unternehmens zu verstehen sind, und dass dann Ideen und Pläne, also eine Strategie zu entwickeln ist. Als letztes sprechen wir darüber, dass diese Strategie zum Schluss präsentiert werden muss.

In meiner Veranstaltung muss dann letztlich jeder und jede Teilnehmende tatsächlich einen fünf bis zehnminütigen Vortrag halten und ein Strategiepapier einreichen. Es gibt drei fiktive Settings für den zu haltenden Vortrag. Aus jedem Team wird eine der drei Teilnehmenden auf einer fiktiven Buchmesse sprechen und dort die Strategie präsentieren. Ein weiteres Teammitglied wird vor dem Managementbord der Verlagsgruppe sprechen. Ein dritter Vortrag findet vor dem Vorgesetzten, Herrn Dr. Schneider, statt.

Vorteil dieser Aufteilung der Prüfungsleistung ist, dass jedes Team die eigene Strategie in drei sehr unterschiedlichen Formen unterschiedlichen Zielgruppen präsentieren muss. Dabei lernen oder wiederholen wir, dass die Zielgruppe und deren Interessen zentral wichtig sind bei der Erstellung eines Vortrags.

Dann ist es Zeit, die Teams zusammenzustellen. Bevor dies jedoch geschieht, erhalten die Teilnehmenden noch ein wenig mehr Hintergrundinformationen. In meinem

Fall bedeutet das, dass ich über das Setting spreche. Was ist damit gemeint?

In meinem Fall bedeutet das, dass ich zunächst das „Wo" erläutere. Wo sind wir eigentlich? In der Verlagsgruppe Ravenstein. Was wissen wir über sie? Ich zeige dazu das Logo und einige Buchcover, natürlich ist dies alles fiktiv. Ferner spreche ich in meinem Fall dann über den kleinen unrentablen Verlag, den es zu sanieren und zu integrieren gilt. Domino besitzt ebenfalls ein eigenes Logo.

Wie ich es auch in allen weiteren Veranstaltungen mache, besteht bereits die allererste Veranstaltung, die offiziell nach der Vorstellungsrunde beginnt, aus einem ersten Teil, in dem Theorie vermittelt wird (die Hintergrundinformationen) und einem zweiten, interaktiven Teil, in dem Personen auftreten.

Ich denke, dass Sie auch Ihren Vortrag so aufbauen können, selbst wenn es nur ein einmaliger Vortrag und keine sich wiederholende Reihe von Workshop-Abschnitten oder Vorlesungssitzungen wäre. Investieren Sie ruhig in jedem Fall etwas Zeit, um den Zuhörenden das Setting zu erklären und den Zielpunkt und die Rollen, die sie einnehmen werden.

Und: Nehmen Sie sich Zeit für wenigstens eine kleine Vorstellungsrunde – in einer großen Gruppe könnte dies in Form von Gruppenzuordnungen oder Fragen ins Plenum geschehen, bei denen man sich beispielsweise melden muss. Den Wert von Eisbrecher-Fragen habe ich oben schon erwähnt.

Danach beginnen Sie und erleben gemeinsam das Narrativ – entweder nur dessen Start, oder, wenn es ein einzelner Vortrag ist – alle seine Teile in dem Zeitrahmen, der Ihnen gegeben ist.

Wenn die Vorstellungsrunde der Vorlesung, von mir und den Teilnehmenden untereinander abgeschlossen ist, beginne ich in meiner ersten Veranstaltung auch bereits genau in der Form, in der alle anderen Teile stattfinden werden: mit einem ersten Theorieteil und einem zweiten praktischen Teil.

In meinem Fall wähle ich für den ersten Teil ein Thema, das zu meiner Veranstaltung und dieser ersten Sitzung passt: Hier ist es das Thema Verlagsorganisation. Wir sprechen also über Themen wie Organigramm, Aufbauorganisation und Struktur eines Unternehmens. Dabei wiederholen wir, welche Abteilungen es in einer Verlagsgruppe oder in einem Verlag gibt, wie diese heißen und wie sie in einem Organigramm zusammenhängen können.

So ist es mir zum Ende der Sitzung möglich, den Teilnehmenden einen Ausblick auf die gesamte Veranstaltung zu geben. Da wir in meinem Fall pro Sitzung eine Abteilung kennen lernen werden, kann ich den Teilnehmenden anhand des Organigramms des Domino-Verlags sagen, dass sie alle Abteilungen nacheinander durchlaufen und Informationen sammeln werden. Ich informiere die Teilnehmenden auch über die Makrostruktur der Vorlesung: dass wir bis zur Semestermitte alle Abteilungen durchlaufen haben werden und alle Informationen gesammelt haben werden.

Wie wir zuvor im Kapitel zum Thema Aufbau Ihrer Veranstaltung erörtert haben, wird dann während der zweiten Semesterhälfte diese Informationen auszuwerten sein. Sie wird dann von den Teams in eine Strategie verwandelt, die Strategie wird präsentiert und ein Vortrag vorbereitet.

So haben die Teilnehmenden nun das Setting, den Ablaufplan und das Ziel meiner Veranstaltung sowie ihre Rolle darin kennengelernt, also den roten Faden durch meine Veranstaltung erstmals gesehen. Damit endet der erste Teil.

Teil 2 der ersten Veranstaltung

Der zweite Teil der Veranstaltung wird auch in allen weiteren Vorlesungen aus einem aktiveren Teil bestehen, ich habe bereits erwähnt: aus Interviews mit Charakteren. In dieser ersten Stunde tritt noch kein Charakter auf, aber eine wichtige Aufgabe heute ist es, die über das Semester hinweg bestehenden Teams zu gründen.

Bevor ich darauf eingehe, sei auch hier wieder erwähnt: Wenn Sie für Ihre Erzählung, Ihren Vortrag oder Ihren Workshop nur deutlich weniger Zeit zur Verfügung haben als ich – dann schauen Sie doch einfach, was aus meinem Erfahrungsbericht Sie inspiriert. Die einzelnen Teile werden kleiner, knapper, kompakter sein müssen. Aber im Prinzip werden Sie ganz ähnlich vorgehen – bedienen Sie sich einfach aus meiner Tool-Box.

Zweiter Teil – Teamfindung. Das ist etwas, das Sie auch in einem kompakteren Format übernehmen können. Zwar werden Sie nicht so ausführlich vorgehen können – aber vielleicht lässt sich ein Saal in zwei Hälften teilen, oder eine Musikstunde mit jungen Musizierenden in zwei Teams aufteilen oder ähnlich.

Die Teamfindung findet bei mir so statt, dass in jedem Team drei Managementtypen vertreten sind. Es gibt einen sogenannten Editorial-Manager, einen Integration-Manager und einen Digital-Manager (ich verwende hier die englischen Begriffe, die daher maskulin klingen – betone aber auch in der Vorlesung immer alle Geschlechter).

Ich stelle diese drei Typen und ihre typischen Fragestellungen und Blickwinkel auf jeweils einer PowerPoint-Folie vor. Im realen Leben sind dies drei wichtige Aspekte jeder Managementposition im Verlag, drei wichtige Blickwinkel, die jeder und jede selbst in Personalunion einnehmen muss. In meiner Veranstaltung darf jeweils eine

Schritt 4: Die erste Stunde – Wie Sie gemeinsam ...

Person den Hut für eine dieser Managementdimensionen aufsetzen.

Ich informiere die Teilnehmenden vorab, dass jeder und jede sich für einen dieser Managementtypen entscheiden soll. Man solle also bereits beim Zuhören überlegen, welche Fragerichtung und welcher Typus, welches Managementthema einem am meisten entspricht.

Sind die drei Managementdimensionen, die Managementtypen also, vorgestellt, so bitte ich die Teilnehmenden, sich je nach Managementtyp der eigenen Wahl in eine von drei Ecken des Raumes zu begeben. So versuchen wir, drei etwa gleich große Gruppen zu bilden. Nun ist der letzte Schritt, dass sich Dreierteams zusammenfinden, die aus jeweils einem der drei Managementtypen bestehen. Dies geht beispielsweise so, dass jede Ecke eine Farbe erhält, man also farbige Klebezettel oder Karteikarten verteilt, und dann die Teilnehmenden durch den Raum spazieren und sich mit anderen Teilnehmenden anderer Farben zu Dreierteams verbinden lässt. Sind es einmal Vierergruppen, so kann auch ein Managementtyp gedoppelt werden.

Den Abschluss dieser ersten Veranstaltung bildet das erste Teamtreffen, das nicht einmal lange dauern muss. Dazu lasse ich den Teilnehmenden Zeit, sich in Ihrem Team erstmals zusammenzusetzen. Aufgabe von mir ist es, dass die Teams sich kennenlernen, und außerdem verabreden, wie sie in Zukunft digital und/oder in Präsenz zusammenarbeiten wollen. Es gilt also zu besprechen, wo man Dateien ablegen wird, wie man ein Kanban-Board nutzt und wie man sich sonst organisiert.

Ganz zuletzt kommen wir noch einmal im Plenum zusammen und reflektieren die erste Veranstaltung. Ich wiederhole kurz, was wir erfahren haben und gebe einen Ausblick auf die kommende Stunde: nämlich den theoretischen Inhalt der kommenden Stunde und das

Auftreten des ersten Charakters. In meinem Fall ist das die Ankündigung, dass wir uns mit dem Thema Kanban und Scrum beschäftigen und die Teilnehmenden erstmals ihren Vorgesetzten kennenlernen werden und interviewen dürfen.

Umsetzung bei einer kurzen Veranstaltung

Funktioniert dieser Aufbau auch für Ihre Veranstaltung? Je kürzer eine Veranstaltung, umso komprimierter werden die einzelnen Abschnitte, die einzelnen Elemente Ihres Narrativs sein. Haben Sie nur einen Vortrag zu halten, so muss bereits an dessen Ende das Ziel erreicht werden – meine Vorschläge dürfen Sie dann dennoch gerne inspirieren, die Umsetzung muss aber natürlich sehr kurz gehalten werden.

Vielleicht lohnt es sich trotzdem, darüber nachzudenken, ob Sie auch in Ihrem Vortrag Teams gründen können. Ich habe es oben bereits angedeutet, vielleicht können auf Nachfrage ins Plenum zwei oder drei Gruppen gebildet werden, die sich wenigstens für einige Minuten zu einem Thema in einem Setting austauschen, etwas vorbereiten und am Ende Stimmen aus den Teams präsentieren? Oder Sie können digitale Abstimm-Tools aus dem Internet – wie z. B. mentimeter.com – nutzen und darüber Ihre Zuhörenden beteiligen. Klar ist eines: Sie aktivieren Ihre Teilnehmenden dadurch deutlich stärker, als wenn Sie nur frontal sprechen.

Dasselbe gilt für eine Unterrichtsstunde. Sind mehrere Kinder dabei? Kann ich diese in guter Weise in Teams aufteilen, die gemeinsam arbeiten, nicht gegeneinander oder wenn, dann nur freundlich konkurrieren? Wie gelingt es, in Menschen Teamgeist zu wecken und dadurch das Engagement und die Erinnerungsfähigkeit zu erhöhen?

Zusammenfassend ist mir ein Anliegen zu sagen: Zeit, die Sie investieren, um ein Setting und Charaktere zu erschaffen, Teams einzuteilen und Aufgaben und Ziele zu verteilen – ist nicht verlorene Zeit, die von Ihrer inhaltlichen Vermittlung abgeht. Es ist gut investierte Zeit, die Ihre Teilnehmenden aktiviert und Ihre Inhalte nachhaltig in Ihnen verankern wird. Es ist nicht nur meine Erfahrung, sondern auch Erkenntnis moderner Didaktikforschung: lieber weniger vermitteln und diese Inhalte mit allen Sinnen und emotional erfahrbar machen. Das erzeugt viel nachhaltigere Erfolge. Und das ist ja unser Ziel: Unvergessliche Veranstaltungen zu schaffen.

Ganz gleich, ob Ihre Veranstaltung kurz oder lang ist, privat oder beruflich – nach dem Einstieg wird es einen Mittelteil geben. In meinem Fall kann man den Mittelteil des Narrativs in mehrere Veranstaltungen aufteilen. Gegebenenfalls müssen Sie dies knapper halten – aber das Prinzip bleibt bestehen. Auch ein kompakter Spannungsbogen hat einen Mittelteil, und da dürfen Sie die Teilnehmenden keinesfalls verlieren. Wir gehen im folgenden Kapitel ein wenig genauer darauf ein, was hier geschieht.

Schritt 5: Hinein in den Mittelteil – Wie Sie die Geschichte vorantreiben

Wie es auch für die kommenden Veranstaltungen typisch sein wird, starte ich die zweite Stunde mit einem kurzen Rückblick, einem „was seither geschah". Dies ist wichtig, weil die Teilnehmenden außer meiner Veranstaltung auch andere Veranstaltungen besuchen, und ich nicht erwarten kann, dass meine Veranstaltung Ihnen bereits nach der ersten Stunde unvergesslich in Erinnerung geblieben ist. Auch, wenn Sie einen mehrtägigen Workshop veranstalten, wird sich dies lohnen – möglicherweise haben die Teilnehmenden abends noch lange beisammen gesessen und über andere Themen gesprochen – oder sie haben parallel im Leben viele andere Themen. Ein Rückblick hilft, wieder anzukommen, auch emotional.

Daher sehen die Teilnehmenden zu Beginn jeder Stunde ein Bild des eleganten Büros aus der ersten Veranstaltung. Ich erinnere sie auch an die Namen der Verlagsgruppe Ravenstein und den Namen des kleinen Domino-Verlags, den sie sanieren und integrieren müssen. Ich zeige kurz die Logos, und das Organigramm. Anschließend zeige ich eine Agenda für die heutige Sitzung (ich liebe Agendas – sie sind wie eine Landkarte oder ein Rettungsboot, wenn eine Veranstaltung wider Erwarten doch mal länger wirkt als nötig).

Der erste Charakter tritt auf – mein konkretes Beispiel im Detail

Um Sie möglicherweise zu inspirieren und Ihnen konkrete Ideen zu vermitteln, wie Sie die mittlere Phase der Veranstaltung gestalten können oder wie Sie sich möglicherweise genau davon abheben wollen, was natürlich auch großartig wäre, gehe ich hier ein wenig mehr ins Detail.

In meiner Vorlesung geht es in der ersten Hälfte der zweiten Sitzung um Theorie – genauer: um die Vertiefung des Themas „Aufbauorganisation", daneben auch um Kanban beziehungsweise Scrum, also um Methoden des agilen Managements. In der zweiten Hälfte dieser Sitzung, in der „aktiveren" Hälfte – zeige ich ein Foto von dem fiktiven Charakter Dr. Armin Schneider, dem Vorgesetzten der Teams in diesem Planspiel.

Ich kann auch Ihnen nur empfehlen, für Ihre Charaktere Bilder zu suchen. Hierfür gibt es Datenbanken mit lizenzfreien Bildern im Internet, in denen Sie stöbern können. Ein Gesicht wirkt. Magazine mit Gesichtern auf dem Cover haben sich in meiner beruflichen Erfahrung immer besser verkauft als Cover ohne Gesicht: Artikel mit Gesichtern als Aufmacherbild bekommen online mehr Klicks. Gesichter ziehen. Sie erzeugen Emotionen.

Nun sehen die Teilnehmenden also Herrn Dr. Schneider, einen Mann mittleren Alters, strahlend, überzeugt, die Arme in die Seiten gestemmt, er ist Ihnen im

Buch schon ein paar Mal begegnet. Ich projiziere ihn auch immer wieder in kommenden Veranstaltungen.

Herr Dr. Schneider also – warum beharre ich so auf dem akademischen Titel? Tatsächlich ziehe ich ihn immer bewusst mit, da wir an diesem Charakter besprechen, dass manchen Menschen ihr akademischer Titel sehr wichtig ist – und es nach meiner Erfahrung ein Risiko ist, diesen einfach zu unterschlagen. Geschieht dies später einem oder einer Teilnehmenden in der Diskussion, so werde ich, in der Rolle des Dr. Schneider, höflich aber unwirsch reagieren und die Teilnehmenden darauf hinweisen, dass er „Herr Dr. Schneider" heiße.

Zur Einleitung dieses ersten Charakters erwähne ich zunächst, dass die Teams heute die Gelegenheit haben, ihren neuen Chef kennenzulernen. Ich erkläre auch, dass er leider nur wenig Zeit hat für das heutige Treffen, weswegen jedes Team nur zwei Fragen an ihn stellen kann. Ich berichte, dass Dr. Armin Schneider ca. 55 Jahre alt ist und seit 20 Jahren bei Ravenstein arbeitet – das wissen die

Teilnehmenden aus dem LinkedIn-Profil, das sie sicher vor dem Erstgespräch überprüft haben. Er ist als Interim-Manager für die Geschäftsleitung von Domino eingesetzt und soll die Geschäftsleitung nach den ersten 100 Tagen an eines der Beraterteams übergeben.

Diese Situation ist meines Erachtens unrealistisch, was ich den Teilnehmenden auch sage – sie ist aber sehr nützlich und hat sich als sehr fruchtbar für meine Veranstaltung erwiesen. Ich mache die Teilnehmenden dann darauf aufmerksam, dass normalerweise nur ein Manager oder eine Managerin für diese Position eingestellt würde, nicht drei, dass wir hier also auch insofern fiktiv arbeiten, als wir die Verantwortlichkeiten auf drei Köpfe aufteilen.

Dann kündige ich den Teilnehmenden an, dass nun Herr Dr. Schneider den Raum betritt und sich in einer kurzen Ansprache an die Teams wenden wird. Ich kommuniziere, dass nach dieser Ansprache zehn Minuten bereitstehen werden, in denen alle Teams sich Fragen an Dr. Schneider überlegen können.

Daraufhin mache ich eine klare Zäsur, atme kurz durch und schaffe so Raum für die Person. Anschließend lese ich Herrn Dr. Schneiders Selbstvorstellung, die Sie im Kapitel über Charaktere (Kap. 1) und jeweils unter den Beispielen für Selbstvorstellungen finden können. Sie sehen richtig: ich lese. Denn auch ich bin manchmal aufgeregt, wenn ich Charaktere spielen muss, vor allem beim ersten Mal innerhalb eines Zyklus oder einer Veranstaltung. Ich lese aber (hoffentlich) mit viel Emotionalität und schaue oft von meinem Blatt auf. Ein realer Charakter hätte ja möglicherweise auch ein Blatt mit den wichtigsten Stichpunkten dabei.

Bevor ich beginne, die Selbstvorstellung des Charakters vorzutragen, versetze ich mich nochmals emotional in diejenige Person hinein, die als Vorlage meines Charakters gedient hat. In meinem Fall ist das eine Person aus dem

Management, die ich in meiner beruflichen Vergangenheit kennengelernt habe. Diese Person ist jovial, etwas oberflächlich, von sich selbst überzeugt, bodenständig, ein bisschen rabiat, nicht unbedingt feinsinnig, oberflächlich-freundlich, wobei ich in etwa die Geste auf dem Foto nachahme, was durch die Machtgeste der aufgestützten Arme auch ein wenig arrogant-abwertend wirken kann. Ich flechte Kleinigkeiten in meinen Text ein, die zunächst nebensächlich scheinen, wie beispielsweise, dass Herr Dr. Schneider gerne segelt. Dieses kleine Detail werde ich in der späteren Besprechung dann nochmals hervorheben. Am Ende meiner Vorlesungsreihe, wenn die Teilnehmenden ihre Vorträge halten, werde ich darauf zurückkommen und empfehlen, beim Vortrag vor Herrn Dr. Schneider das Thema „Segeln" zum Einstieg nochmals aufzugreifen.

Das erste Charakter-Interview und seine Chancen

Nachdem Herr Dr. Schneider sich verabschiedet hat, erhalten alle Teams zehn Minuten, um sich jeweils zwei Fragen zu überlegen, die sie im Plenum an Herrn Dr. Schneider richten möchten. Nach zehn Minuten Beratung in den Teams, betrifft Herr Dr. Schneider wieder den Raum.

Er beantwortet nun alle Fragen. Er beantwortet sie jedoch nicht immer vollumfänglich oder sachlich, sondern so, wie ein realer Mensch in einem Unternehmen auf Fragen antworten würde. Dabei ist es Herrn Dr. Schneiders Ziel, dass alle Unternehmensberatungen bestmöglich informiert sind, er wird sie also nicht bewusst in die Irre führen. Schließlich möchte er im Anschluss nicht dauernd weitere Fragen erhalten und außerdem erwartet er treffende Strategieansätze. Trotzdem sind die Antworten auch von persönlichen Meinungen und Einstellungen geprägt.

Beispielsweise erlebe ich Fragen aus den Teams wie „Wie wichtig ist Ihnen das Thema Unternehmenskultur?" In diesem Falle könnte Herr Dr. Schneider antworten: „Wichtig, solange es Geld bringt!" Er könnte dann lachen. Fragt beispielsweise ein Beraterteam: „Wie stehen Sie zu den Mitarbeitenden von Domino, sollen wir diese alle behalten?", so könnte Herr Dr. Schneider antworten: „Mir persönlich geht es um den Content der Zahnmedizin – integrieren Sie diesen bestmöglich und rentabel in die Unternehmensgruppe; wir sind hier schließlich nicht die Wohlfahrt".

Nachdem Herr Dr. Schneider den Raum verlassen hat, werde ich mit den Teams solche Aussagen diskutieren. Ich werde beispielsweise erwähnen, wie wichtig es ist, die Rahmenbedingungen und Ziele eines Vorgesetzten zu berücksichtigen. Dabei kann es geschehen, dass die Einstellung eines Vorgesetzten der eigenen Einstellung widerspricht. Beispielsweise könnte ein Team in der Strategie als einen Schwerpunkt das Ziel formulieren, alle Mitarbeitenden mitzunehmen, um Arbeitslosigkeit zu vermeiden. Dies könnte zunächst im Widerspruch zur Aussage von Herrn Dr. Schneider stehen.

Die Optionen eigener Entscheidungen zu verstehen, ist ein wichtiger Schritt, insbesondere da man dann später, am Ende des Semesters, bei der Präsentation der Strategie davon ausgehen kann, dass an mancher Ecke unter Umständen Kritik aufkommen wird. Die Teilnehmenden können so früh antizipieren, dass sie bereit sein müssen, die eigene Strategie zu verteidigen.

Es geht also nicht darum, dem Vorgesetzten in jedem Punkt Recht zu geben, sondern nur Bedingungen zu verstehen und die Strategie in diesem Rahmen zu entwickeln. Ich spreche auch über Themen wie die Einstellung des Managements zur Unternehmenskultur. So sage ich beispielsweise, dass ich persönlich das Thema „Unternehmenskultur" sehr wichtig finde, und an Stelle der Beratungsfirmen nur zur Kenntnis nehmen würde, dass es Herrn Dr. Schneider nicht ein vergleichbar großes Anliegen sein könnte.

Bei der Kommunikation der eigenen Strategie empfehle ich also, dieses Thema entweder sehr bewusst zu formulieren, im Wissen, dass es kein starkes Argument für die Strategie sein muss – oder es vorsichtig und dezent anklingen zu lassen, ohne es zu stark zu betonen.

Themen wie den Erhalt von Arbeitsplätzen oder Unternehmenskultur anzusprechen, in einer Weise, dass es alle angeht, das ermöglicht erst das Narrativ, erst das Auftreten der Charaktere und das Interagieren mit ihnen. Ohne diese Interaktion, ohne den konkreten Auftrag, den jeder und jede einzelne hat, wäre eine solche Diskussion rein akademisch geblieben. Es würde die Teilnehmenden nie in gleicher Weise interessieren und für diese nie gleichermaßen relevant sein.

Auch das Thematisieren des Umgangs mit akademischen Titel wäre ohne das Auftreten eines Charakters rein akademisch und würde sicherlich bei den meisten Teilnehmenden vorbeirauschen. Hat man aber im Plenum als Reaktion auf eine Ansprache ohne Titel die entsprechende Reaktion von Herrn Dr. Schneider erlebt und die Peinlichkeit der Situation gespürt – bleibt das Thema in der Erinnerung präsent.

Jedes Mal, wenn etwas Unangenehmes oder Peinliches in der Plenumsdiskussion passiert, thematisieren wir es noch einmal im Plenum nach dem Abgang des Charakters. Nachdem ein Charakter auf die Fragen aus dem Plenum geantwortet hat und abgetreten ist, gebe ich allen Teams grundsätzlich 10–15 min oder mehr Zeit, um im Team zu besprechen, was das Gehörte für sie bedeutet, beziehungsweise, wie sie es aufnehmen und was sie damit machen wollen. Diese Phase ist sehr wichtig, um das Erlebte und die Informationen, die man gewinnen konnte, zu vertiefen und auszuwerten, und es ist auch wichtig für die spätere Strategieerarbeitung.

Zuletzt fasse ich die Veranstaltung nochmals kurz zusammen und gebe einen Ausblick auf die nächste – in meinem Fall das Thema „Programmplanung" und das Gespräch mit der Lektorin Frau Schäfer.

Selbstlernphasen

Für meine Veranstaltung konnte ich an der Hochschule der Medien ein Fellowship zum Thema „Selbstlernphasen" gewinnen. Das bedeutet, dass ich das Thema des „eigengesteuertes Lernen" bewusst in meine Veranstaltung eingebaut habe – und dies auch als sinnvoll erachtet wurde. Ich erwähne es hier, weil ich es Ihnen als Anregung für Ihre Veranstaltung mitgeben möchte. Worum geht es?

Theorie lernen – gut. Aktiv einen Charakter kennenlernen und interviewen – gut. Und doch braucht es ab und zu auch ein Loslassen. Ein Freilassen von der aktiven Steuerung durch den oder die Vortragende. Zeit, in der die Teams sich selbstgesteuert treffen und den Inhalt diskutieren. Eine solche Zeit, so finde ich, sollte man in jedem Format mit einbauen: sei es Ihr Vortrag, eine Erzählstunde in der Familie, ein Unterricht oder ein Workshop. Menschen brauchen Zeit, um durchzuatmen und das Gelernte als innere Landschaft selbst vor sich auszubreiten – und zu überlegen, wohin sie gedanklich spazieren wollen. They need to make it their own – sie müssen es zu etwas Eigenem machen. Und das gelingt sehr gut in Selbstlernphasen, die natürlich, je nach zeitlichen Umfang Ihrer Veranstaltung, sehr unterschiedlich lang sein können.

Bei mir bedeutet das konkret, dass ich etwa ein Drittel der Zeit für Selbstlernphasen einsetze. Ich selbst war also nur in zwei Drittel in der Lehrzeit wirklich anwesend (für mich bedeutete das eine Deputatsreduktion diese Vorlesung betreffend – auch Sie müssen das natürlich an Ihrem eigenen konkreten Beispiel entsprechend bedenken).

Es bedeutet für Ihren Workshop, Ihr Seminar oder Ihre Veranstaltung dafür, dass Ihre Teilnehmenden eine weitere Dimension erleben und erlernen dürfen: nämlich selbst organisiert und unabhängig von Ihnen weiterzuarbeiten und zu vertiefen.

Um die Teilnehmenden in der Selbstlernphase zu unterstützen, habe ich ein Frageprotokoll zusammengestellt, das ich den Teams in der ersten Veranstaltung präsentiere. Diese Leitfragen wiederholen sich dann in den folgenden Veranstaltungen. Es sind Fragen wie:

- Welche Herausforderungen und Best-Practices haben wir kennengelernt?
- Wie haben wir den Umgang damit bei Domino erlebt?
- Wie ist die Person, die wir kennengelernt haben, damit umgegangen? Welche Einstellung hat sie zum Thema?
- Wie wollen wir zukünftig bei Domino mit der Herausforderung umgehen?
- Welche Best-Practices haben wir kennengelernt oder kennen wir, die sich auch für unsere Situation eignen?

Die Selbstlernphasen der Teams habe ich im Rückblick als sehr effizient und sehr effektiv erlebt. In vorherigen Semestern hatte ich diese Team-Arbeitsphasen noch unter meiner Aufsicht durchgeführt. Ich musste aber feststellen, dass ich den Teilnehmenden oft die Frage stellte, ob ich helfen könne – und meistens ein Nein als Antwort erhielt, was natürlich gut ist und genau so sein soll. Daher habe ich für mich entschieden, die Teams selbstständig arbeiten zu lassen und ergänzend eine Sprechstunde oder einen WhatsApp-Chat für Fragen anzubieten, was sich bewährt hat.

Daher lohnt es sich, auch für Ihre Veranstaltung zu überlegen, ob Sie bewusst das Element der Selbstlernphasen für Ihre Teams in Ihren Zeitplan einarbeiten wollen. Es hat sich bewährt, dies auch konkret an die Teilnehmenden zu kommunizieren und den Vorteil selbstgesteuerten Lernens zu erläutern: dass es nämlich sehr nützlich ist, eigene Fragen nicht sofort beantwortet zu bekommen, sondern auch im Team einmal über ggf. längere Zeit hinweg nach Antworten zu suchen.

Schritt 6: Unbequeme Charaktere gestalten – Wie Sie die Spannung steigern

Die Stunde mit Frau Schäfer steht in meiner Veranstaltung exemplarisch für das Auftreten eines eher negativ wirkenden Charakters. Da dies ein didaktisch spannendes Element ist, das auch die Spannung in Ihrem Narrativ erhöht, möchte ich in diesem Kapitel darauf eingehen und mit Ihnen einige meiner Erfahrungen teilen.

Denken Sie dabei auch nochmal an Rotkäppchen: Ohne den Wolf wäre nichts passiert. Ja, manchmal nervt es uns, wenn in einem schönen Buch, einer schönen Geschichte schon wieder ein Bösewicht auftaucht. Aber er oder sie treibt die Geschichte voran – und bleibt (auch neurologisch) noch stärker in Erinnerung als Positives.

Frau Schäfer mischt die Veranstaltung auf

Frau Schäfer erscheint bei mir in der zweiten Hälfte meiner Veranstaltung zum Thema „Programmplanung und Lektorat". Sie ist jetzt weder ein Wolf, noch ein Bösewicht – das möchte ich ganz deutlich sagen. Aber sie macht die Dinge kompliziert. Sie wühlt auf.

Wie immer beginne ich auch diese Stunde mit einem Rückblick dazu, was bisher geschah. Wieder zeige ich das Bild des Büros, in dem die Teams arbeiten, sowie das Foto von Herrn Dr. Schneider. Ich zeige ferner das Logo der Ravenstein Gruppe und das des Domino-Verlags. Auf diese Weise haben wir uns alle Namen der Verlage und der bisher bekannten Personen noch einmal in Erinnerung gerufen. Die Fotos helfen zusätzlich bei der Erinnerung daran.

Daran anschließend zeige ich die Agenda der heutigen Stunde. Wie immer findet im ersten Teil die Einführung in die Theorie statt. In diesem Fall geht es um das Thema Programmplanung in Belletristik- und Wissenschaftsverlagen. Es werden Fragen thematisiert wie:

- Was gilt es, in der Programmplanung zu bedenken?
- Und: Kann man Bestseller planen?

Dann wird es eine Pause geben und danach kündige ich Elisabeth Schäfer aus dem Lektorat an und zeige dazu ihr Bild

Schritt 6: Unbequeme Charaktere gestalten ... 89

Im ersten Teil der Veranstaltung sprechen wir über Programmplanung in Belletristikverlagen. Dazu zeige ich viele Bilder und frage die Teilnehmenden, ob sie bestimmte Bücher in bestimmte Programme integrieren würden oder nicht und wie sie dies begründen würden, am Beispiel des Programms eines Belletristikverlags und eines Wissenschaftsverlags. Wir fragen uns dann, ob man Bestseller planen kann und sprechen auch über Harry Potter.

In Ihrem Fall wird es möglicherweise um ein gänzlich anderes Thema gehen, und wenn Sie meine Einteilung mögen, so wird dies die erste Hälfte eines Abschnitts im Mittelteil Ihres Narrativs füllen. Ziel für mich ist es, den Teilnehmenden genügend theoretischen Hintergrund, genügend Erinnerung an Bekanntes oder genügend

Informationen über Neues zu verschaffen, sodass die Fragen an Frau Schäfer, oder an weitere fiktive Charaktere, in der zweiten Hälfte möglichst qualitativ gut sein werden und nicht zu flach.

Ziel der ersten Hälfte der Veranstaltung ist es auch, aktuelle Herausforderungen auf dem Markt zu thematisieren und Best-Practice-Beispiele aufzuweisen, wie Verlage mit aktuellen Herausforderungen umgehen. Auch dies unterstützt die Fragenphase in der zweiten Hälfte. So können die Teilnehmenden beispielsweise fragen, ob die aktuellen Herausforderungen auf dem Markt auch das Programm des Domino-Verlags betreffen oder nicht. Sie können ferner fragen, welche aktuellen Strategien bei Domino bereits umgesetzt werden, beziehungsweise wie Frau Schäfer oder andere Mitarbeitende dazu stehen.

Insbesondere die Best-Practices aus der Branche, die ich in der ersten Hälfte zeige und auch mit vielen Bildern veranschauliche, dürfen als Inspiration für die auszuarbeitende Strategie für den Domino-Verlag gelten. Dabei hat sich gezeigt, dass unterschiedliche Teams die Inspiration aus dem Markt sehr unterschiedlich aufgreifen. Dies halte ich für besonders interessant.

Nicht zuletzt sprechen wir in der ersten Hälfte auch über das Thema „Titel-Output-Strategie", also über Unterschiede zwischen einer Bestseller- und einer Longtail-Strategie. Gewappnet mit diesen Informationen gehen wir dann in eine kurze Pause.

Nach der Pause habe ich das Bild von Frau Schäfer an die Wand projiziert. So sieht man es hinter mir, während ich die Selbstvorstellung vortrage. Findet die Veranstaltung online statt, so kann man die Lektorin im Rahmen einer PowerPoint-Präsentation in die Mitte des Bildschirms projizieren.

Um Ihnen zu verdeutlichen, was und wie Frau Schäfer spricht, insbesondere da wir sie nun mehrmals erwähnt

Schritt 6: Unbequeme Charaktere gestalten ... 91

haben, empfehle ich Ihnen, nochmals zum Kapitel „Selbstvorstellungen" zurückzugehen, wo Sie meinen Einleitungstext finden. Vielleicht haben Sie ihn aber auch noch in Erinnerung – es geht um die Dame, die Veränderungen nicht besonders schätzt, die sich POD (Print on Demand) verweigert, aber sehr gerne zur Tagung nach Südfrankreich reist. Dies klingt nun ein bisschen wie die Zusammenfassung aus der alten Sendung „Herzblatt", an die sich vielleicht noch jemand erinnert. Frau Schäfer stellt sich jedenfalls sperrig vor.

Im Gegensatz zu Herrn Dr. Schneider, den ich mit einer etwas tieferen Stimme spreche, spreche ich Frau Schäfer mit einer leicht erhöhten, etwas hysterischen und gequetschten Stimme vor. Bevor ich zu sprechen beginne, versetze ich mich gedanklich zurück in eine Person, die als Vorlage für diesen Charakter stand. Wie immer ist mein im Planspiel auftretender Charakter fiktiv und aus verschiedenen Situationen meines privaten und beruflichen Lebens zusammengesetzt.

Durch die Erinnerung an die den Charakter emotional prägende Person gelingt eine nicht überspitzte, sondern realistische Darstellung einer Person. Frau Schäfer begrüßt die Gruppe mit einem etwas schrägen „Ja hallo!". Sie lächelt dann, ein Lächeln, bei dem die Augen nicht mitgehen, sodass gleich ein etwas falscher und unfreundlicher Eindruck entsteht. Wir sprechen ja hier über unbequeme Charaktere. Ich versuche hier trotz allem in der Präsentation der Person nicht zu übertreiben, sondern nur ein Signal zu setzen: Achtung, wir haben es mit einem speziellen Charakter zu tun.

Wie immer verabschieden wir Frau Schäfer zuletzt und alle Teams haben zehn Minuten Vorbereitungszeit für ihre zwei Fragen. Die Teams arbeiten dann im Allgemeinen sehr engagiert. Bereits jetzt spürt man im Raumklima, dass der Charakter von Frau Schäfer sehr kritisch gesehen wird.

Einige Teams lachen über sie, andere schimpfen, Dritte überlegen bereits, wie sie Frau Schäfer entlassen können. Diese negative Dynamik lasse ich zunächst so bestehen. Später, aber erst deutlich später, beispielsweise eine Woche nach dieser Veranstaltung, werde ich all dies thematisieren und über wertschätzenden Umgang mit allen Mitarbeitenden, beziehungsweise über das Thema „Change Management" sprechen.

Wenn Frau Schäfer wiederkehrt, dürfen alle Teams Fragen stellen. Wieder bemühe ich mich darum, möglichst authentisch aus der Rolle heraus zu antworten. Das bedeutet zum Beispiel, dass nicht alle Antworten sinnvoll sein werden, dass auch starke persönliche Abneigungen gegenüber Veränderungen Inhaltliches dominieren können.

Aus meiner Erfahrung können hier interessante Ereignisse auftreten. Beispielsweise fragte einmal ein Team, ob Frau Schäfer bereit sei, in eine andere Abteilung zu wechseln. Ein anderes Team fragte sie, ob sie bereit sei, wenigstens „ein bisschen an Veränderungsmanagement mitzuwirken". In beiden Fällen reagierte Frau Schäfer zutiefst empört. Sie sog die Luft ein, rang nach Worten und sagte dann mit etwas schriller Stimme: „So können Sie mit Mitarbeitenden hier nicht umgehen! Ich spreche erst weiter, wenn der Betriebsrat im Raum ist".

So eine Reaktion schockiert die Teilnehmenden, die teilweise noch sehr jung sind und sich gleich erst einmal um ihre Noten sorgen. Wir lassen diese Aussage von Frau Schäfer zunächst so stehen. Das Team hat dann gegebenenfalls noch eine weitere Frage, die Frau Schäfer dennoch beantworten wird. Wenn alle Teams ihre Fragen gestellt haben, werde ich wie immer Frau Schäfer verabschieden.

Mit meiner normalen Stimme sage ich dann, dass Frau Schäfer nun den Raum verlassen hat und wir uns jetzt

Schritt 6: Unbequeme Charaktere gestalten ...

Gedanken machen können über das Gehörte. Dann diskutieren wir, wie es zu der Eskalation kommen konnte, und thematisieren, wie man in der Formulierung von Fragen und in der Auswahl der Themen, die man mit bestimmten Mitarbeitenden bespricht, vorsichtiger und zielführender kommunizieren kann.

Erst in der nächsten Stunde werde ich noch einmal thematisieren, wie wichtig es ist, zu verstehen, warum manche Mitarbeitenden sich gegen Veränderungen sträuben, beziehungsweise unfreundlich oder unwirsch erscheinen können. Es geht dabei um Themen wie den Hintergrund der Person, mögliche Ängste, mögliche familiäre Belastungen, die Angst, den Arbeitsplatz zu verlieren, nicht mehr gebraucht oder abgehängt zu werden und vieles mehr. Mir ist es wichtig, hier zu vermitteln, dass jeder Mensch seine Würde und seinen Wert hat, und dass wir natürlich versuchen müssen, alle Mitarbeitenden so einzusetzen, dass das gesamte Unternehmen bestmöglich funktioniert. Dennoch sollten wir uns alle klarmachen, dass jeder von uns auch einmal in einer solchen Situation sein könnte. Der Umgang mit Frau Schäfer sollte dann idealerweise so sein, wie wir uns wünschen würden, dass man mit uns umginge.

Dennoch sprechen wir auch über Personalthemen wie beispielsweise die Möglichkeit von Versetzungen, Kündigungen, Abmahnungen, Weiterbildungsmaßnahmen und vieles mehr, sodass alle Teilnehmenden die Möglichkeit haben, aus diesem Portfolio für die eigene Strategie die beste Lösung für sich herauszuziehen.

Die Tatsache, dass wir über diese Themen so intensiv sprechen können, liegt insbesondere daran, dass wir ganz konkret eine Person kennengelernt haben, mit der jedes Team sich auseinandersetzen muss. Man kann sie nicht ausblenden, jedes Team muss eine Lösung finden, in jedem Strategiepapier muss stehen, was mit Frau Schäfer geschehen soll – man kommt nicht um sie herum. Die Teilnehmenden müssen sich mit Frau Schäfer beschäftigen und eine Lösung für sie finden. Dabei müssen Sie mit den eigenen Emotionen umgehen lernen und versuchen, eine von der Emotion unabhängige beste Lösung zu finden. Ohne den auftretenden Charakter würden wir diese Themen nie in gleicher Intensität diskutieren.

Reflexion: Menge der Stoffvermittlung in narrativer Lehre

Wir sind jetzt an einem Punkt angekommen, an dem wir die Chancen eines Narrativs, aber auch den Aufwand in der Vorbereitung ein wenig besser überblicken. Außerdem wird deutlich, dass man für das Ausspielen eines Narrativs auch Zeit investieren muss, die der Stoffvermittlung möglicherweise verloren geht. Aber ist das so? Ich möchte diese Frage an dieser Stelle nochmal kurz aufgreifen.

Man kann sich die Frage stellen, und diese ist mir auch gestellt worden, ob die Menge an vermittelten Inhalten bei Verwendung narrative Didaktik nicht gegebenenfalls zu klein ist: ob also auf Kosten eines erhöhten Unterhaltungswertes weniger Inhalte vermittelt werden.

Meine Meinung dazu ist die Folgende. In einer Didaktik, die wir hier möglichst wertfrei als „herkömmlich" bezeichnen wollen, also in einem Workshop, Seminar oder einer Vorlesung, die eher frontal abläuft, oder bei der bestenfalls Aufgaben in Gruppen bearbeitet werden, kann allein zeitlich möglicherweise etwas mehr theoretischer Inhalt vermittelt werden.

Relevant für mich aber ist die Menge an Inhalten, die die Teilnehmenden verstehen und insbesondere behalten und mitnehmen. Nach meiner Erfahrung ist diese Menge bei Verwendung herkömmlicher Didaktik insgesamt recht klein. Wohingegen in Kursen, die eine narrative Didaktik verwenden, also in Workshops, Seminaren und Vorlesungen, die ein Narrativ verwenden, einen roten Faden spinnen und starke Emotionen erzeugen, die Menge an erinnerten Inhalten deutlich höher ist. Ich habe Ihnen dazu am Ende des Einleitungskapitels (Kap. 1) auch weiterführende Literatur verlinkt – denn natürlich ist meine Erfahrung das eine, Forschung in der Didaktik aber ein weiteres wichtiges Standbein, will man diese Frage adäquat beantworten.

Dass narrative Didaktik im Herzen ankommt und sich lange im Verstand festsetzt, stelle ich unter anderem daran fest, dass noch einige Semester später Teilnehmende nach meinem Kurs auf mich zukommen, und inhaltliche Themen mit Emotionalität ansprechen, darüber lachen oder sich noch immer – inzwischen mit einem Lächeln – verärgert an bestimmte Personen und die Zusammenhänge erinnern. Frau Schäfer nimmt dabei eine führende Rolle ein – und das Thema der Herausforderungen in einem Lektorat beschäftigt die Teilnehmenden noch über lange Zeit hinweg. Es scheint also so, als würde Negatives, Peinliches sogar besonders gut erinnert. Auch dies scheint die moderne Didaktikforschung zu bestätigen, wie Sie in der weiterführenden Literatur selbst vertiefen können.

Ich bemerke es nicht zuletzt auch an mir selbst. In Kursen ohne roten Faden fällt es mir schwer, mich zu erinnern, was wir in der letzten Stunde gemacht haben. Ich weiß dann nicht, wo wir gerade stehen, und muss dies unter Umständen zunächst nachschlagen. In einem Kurs mit Narrativ weiß ich stets, wo wir stehen. Ich erinnere mich an die Emotionen der vergangenen Stunde und weiß, wie bei einer Fernsehserie, welche Charaktere bereits erschienen sind, welche Inhalte wir also bereits besprochen haben. Da der Aufwand, eine Veranstaltung herkömmlicher Didaktik in eine narrative Veranstaltung zu verwandeln, insgesamt überschaubar ist, der Erfolg aber möglicherweise deutlich höher, kann ich allen nur empfehlen, es zumindest einmal zu versuchen (sonst hätte ich ja dieses Buch auch nicht geschrieben).

Schritt 7: Expertentreffen einplanen – Wie Sie die Teilnehmenden vernetzen

Wir haben über den Startpunkt eines Narrativs gesprochen, über den Aufbau von Charakteren und auch bereits über die Gestaltung des Mittelteils, den Pfad durch den Spannungsbogen. Einige Veranstaltungen lang können Sie dem bis hierher vorgestellten Konzept gerne folgen.

Die erste Hälfte ihrer Veranstaltung oder Ihres Vortragsabschnitts kann aus der Vermittlung von Wissen bestehen, die zweite Hälfte können Sie zum Beispiel einen Charakter auftreten lassen, der anschließend interviewt wird. In der zweiten Hälfte arbeiten dann die Teams sowohl an der Erstellung der Fragen als auch an deren Diskussion und Verarbeitung. Auch in den Selbstlernphasen geht das Arbeiten im Team weiter.

Insgesamt werden die Teams also recht eigenständig arbeiten. Sie arbeiten dadurch aber auch unabhängig voneinander nebeneinander her. Das hat den schon zuvor erwähnten Vorteil, dass Teammitglieder sich für ihre Rolle im Team verantwortlich fühlen und keine Anonymität herrscht, die nach meiner Erfahrung die Arbeitsmotivation eher senkt. Im Gegenteil: jeder und jede hat eine Aufgabe und es entsteht ein gewisser sozialer Druck im Team, diese auch regelmäßig und ernsthaft wahrzunehmen.

Trotzdem ist es ein interessantes Momentum, die „bislang unabhängig voneinander arbeitenden Teams" auch einmal bewusst aufzubrechen. Bei mir findet dieses Aufbrechen in Form eines sogenannten Querschnitts- oder Experten-/Expertinnentreffens etwa nach dem ersten Drittel oder in der Mitte der Veranstaltung statt.

Dieses Querschnittstreffen sieht so aus, dass ich in dieser Stunde keinen neuen Charakter einführe, sondern die Teammitglieder noch einmal auf ihre individuellen Rollen im Team aufmerksam mache (Sie erinnern sich: Editorial-, Integration- und Digital-Manager). Dazu erstelle ich sogenannte Fragenlandkarten für jeden Typen.

Auf der Fragenlandkarte eines Integrationsmanagers würde zum Beispiel stehen:

- Kennen wir die Strukturen von Ravenstein (Unternehmensgruppe) hinreichend gut? Welche Fragen sind noch offen?
- Kennen wir Domino inzwischen hinreichend gut? Welche Fragen sind noch zu stellen?
- Kennen wir alle Mitarbeitenden? Was sind deren Stärken und Schwächen?
- Wie wollen wir Domino in Zukunft weiterentwickeln?
- Wie kann Domino den größten Beitrag zur Unternehmensgruppe leisten?
- Sind dazu bestimmte Standardisierungen nötig? Welche Vorteile gehen mit diesen einher? Welche Risiken? Wie können wir die Mitarbeitenden am besten darauf vorbereiten?

Diese und ähnliche Fragen habe ich für die Fragenlandkarte teilweise vorbereitet, teilweise finden wir die Fragen im Plenum gemeinsam. Eine ähnliche Fragenlandkarte erstelle ich für den Editorial-Manager und den Digital-Manager.

Zum ersten Mal seit Beginn der Veranstaltung werden die Teilnehmenden sich also noch einmal besonders ihrer eigenen Rolle bewusst. In manchen Teams hat diese Rollenteilung bereits funktioniert, in manchen wird sie nun erstmals richtig aktiviert.

Nun informiere ich die Teilnehmenden, dass sie die Fragen ihres eigenen Managementtyps nun nicht in ihrem Team diskutieren werden, sondern in Experten-/Expertinnentreffen. Dazu stellen wir drei große Tische zusammen, an denen die Experten und Expertinnen zusammenkommen werden. An einem Tisch treffen sich also alle Editorial-Manager, an einem alle Integration-Manager und an einem dritten alle Digital-Manager.

Erstmals während der Veranstaltung treffen nun also Teilnehmende aufeinander, die bisher nicht viel miteinander zu tun hatten, die aber dasselbe Setting erlebt, dieselben Charaktere getroffen und ähnliche Themen diskutiert haben. Anhand ihrer Fragenlandkarte und einer Eisbrecher-Frage dürfen diese Teilnehmenden sich nun kennenlernen und die Fragen auf Basis der individuellen Vorarbeiten diskutieren und bearbeiten.

Sehr großen Wert lege ich, wie schon zu Beginn der Veranstaltung, auf die Beantwortung der eben erwähnten ein bis zwei Eisbrecher-Fragen vorab. Hier hat es sich bewährt, den Expertenteams zwei Fragen an die Hand zu geben, die in der Runde der Experten und Expertinnen zu beantworten sind. Das könnte zum Beispiel sein:

- Wenn Ihr morgen aufwacht und eine Superhelden/-heldinnenkraft haben könntet, welche wäre das?
- Was wolltet Ihr schon immer mal tun, habt es bisher aber noch nicht getan?
- Wohin wolltet Ihr schon immer mal reisen?

Diese Fragen führen meist zu viel fröhlichem Lachen und zu einer aufgelockerten Arbeitsstimmung. Nach etwa fünf bis zehn Minuten haben die Teilnehmenden sich dann besser kennengelernt und die Phase der Beantwortung der individuellen Fragenlandkarte kann beginnen.

Für dieses Querschnittstreffen erlaube ich mir durchaus mehr Zeit einzuplanen und diese auch dynamisch an das Geschehen anzupassen. Während der Diskussionen an den Tischen gehe ich herum und beantworte Fragen, die in den Experten- und Expertinnenrunden auftauchen. Das können Fragen zum Arbeitsrecht sein, Rückfragen an bestimmte Charaktere und vieles mehr.

Bestehen Rückfragen an Charaktere, so erlaube ich den Expertentischen Anrufe, wodurch sie mit den fiktiven Charakteren noch einmal sprechen können. Inzwischen kennen die Teilnehmenden die Charaktere und wissen auch, wen man sinnvoll anrufen und wie man diese Person bestmöglich ansprechen kann. (Dreimal dürfen Sie raten, ob jemals jemand Frau Schäfer nochmals angerufen hat …).

Auswertung der Ergebnisse im Team

Wenn das Querschnittstreffen vorüber ist, plane ich auf jeden Fall noch Zeit ein, in der sich die originären Teams treffen und das Wissen zusammentragen können. Eine wichtige Aufgabe hierbei ist es auch, das in den Expertentreffen Diskutierte gemeinsam festzuhalten und auszuwerten. Sonst haben wir nur eine lustig lachende Gemeinschaft erlebt, deren Inhalte bis zur nächsten Veranstaltung verblasst sein werden.

Zwischen den Expertentreffen und der Teamarbeit sollte daher kein zu großer zeitlicher Abstand liegen. Es hat sich bewährt, dies am selben Tag durchzuführen, da dann die Gespräche noch möglichst frisch sind und wenig verloren geht. So ist aus einer Veranstaltung mit vielen einzelnen Teams auf einmal eine Veranstaltung aus Teilnehmenden geworden, die sich auch als große Gruppe untereinander besser kennen, einander grüßen und im Plenum manchmal sogar anders zusammengewürfelt sitzen. Auch das ist für mich ein wichtiger Bestandteil einer guten Veranstaltung.

Aus den Expertentreffen entstehen neue Ideen. Als zu radikal empfundene Ideen werden als solche identifiziert und können überdacht werden. Teams, denen Ideen fehlten, können neue Anstöße und Impulse aufnehmen. Die Idee des Querschnittstreffens erhielt ich übrigens als Anregung aus dem Didaktikzentrum der Hochschule der Medien, wofür ich mich noch einmal herzlich bei Frau Weiland-Breckle bedanken möchte.

Schritt 8: Das Ende in Sicht – Wie Sie Ziel und Bewertung vorbereiten

Meine Veranstaltung peilt drei Zielleistungen, drei zu erledigende Aufgaben an. Eine der Aufgaben ist es, dass jeder und jede Teilnehmende ein so genanntes Strategiepapier erstellen muss. De facto gibt es aus jedem Team nur ein Strategiepapier, das die Teamstrategie darlegt. Tatsächlich möchte ich aber, dass jeder und jede Teilnehmende dieses Papier selbstständig verfasst, weswegen ich darum bitte, dass jeder und jede das Strategiepapier selbst abgibt und die Strategie aus der Sicht der eigenen Managementrolle schildert.

Für dieses Strategiepapier hat es sich bewährt, eine konkrete Kapitelstruktur vorzugeben. Übertragen auf Ihre Veranstaltung bedeutet das: Je detaillierter Sie die Struktur des abzuliefernden Ergebnisses vorgeben, umso sicherer fühlen sich die Teilnehmenden.

Dennoch wollen Sie natürlich Kreativität nicht einschränken. Ich sage daher bewusst dazu, dass Strategiepapiere mit einem anderen Aufbau absolut willkommen sind: sie müssen nur logisch und gut strukturiert sein. In besonders engagierten Kursen lege ich die Verantwortung einer Gliederung des Strategiepapiers auch einmal ganz in die Hände der teilnehmenden Teams. Dann ist die Struktur ein Teil der Bewertung.

Die zweite Zielaufgabe besteht in dem Präsentieren der Strategie auf einer Seite: einem One-Pager. Darüber spreche ich in einem folgenden Absatz genauer.

Die dritte Aufgabe schließlich besteht in einer individuellen Präsentation. Jeder und jede Teilnehmende muss dazu zum Semesterende einen kurzen Vortrag halten. Jeder Vortrag kann aus Zeitgründen in meiner Veranstaltung nur etwa fünf Minuten dauern. Obgleich dies kurz scheint, hat es sich als außerordentlich hilfreich erwiesen, diese enge Zeitspanne auch streng einzuhalten.

Die Teilnehmenden müssen dadurch sehr fokussiert arbeiten und die große Informationsmenge kompakt zusammenfassen. Dies bietet sich möglicherweise auch in Ihrer Veranstaltung an, wenn Sie viele Zuhörende haben – aber selbst bei einem kleinen Zuhörerkreis finde ich knappe Ergebnispräsentationen generell besser; die Teilnehmenden fokussieren sich dann auf das Wesentliche. Gerade in meinem Fach „Verlagsmanagement" hat man auch im realen Leben oft nicht viel Zeit für eine Strategiepräsentation: Wir pressen also den Saft aus der Zitrone.

Jedes Team hat drei Teilnehmende, drei Mitglieder. In jedem Team müssen also drei Vorträge gehalten werden, wobei die Teammitglieder sich aussuchen können, welchen Vortrag sie halten wollen. Es gibt die Möglichkeit, auf einer fiktiven Buchmesse zu sprechen. Es gibt ferner die Möglichkeit, vor dem Management-Board der Verlagsgruppe Ravenstein zu sprechen. Ein dritter Vortrag soll vor dem Vorgesetzten, Herrn Dr. Schneider, gehalten werden.

Während ich im ersten Zyklus meiner Veranstaltung eher weniger Zeit auf die Vorbereitung dieser Abschlussveranstaltungen verwendet hatte, hat es sich zunehmend gezeigt, dass deren besonders intensive Vorbereitung zu einem deutlich besseren Ergebnis und zu einem größeren Lerneffekt und größerer Zufriedenheit unter den Teilnehmenden führte. Daher habe ich inzwischen viel Zeit für die gemeinsame Vorbereitung der Prüfungsleistung eingeplant.

Ab der Mitte der Veranstaltung etwa sprechen wir also regelmäßig über die im Semester zu erreichenden Ziele, also das Strategiepapier und den Vortrag. Hier gibt es viele Coaching-Möglichkeiten und viel Inhalt, der nützlich und hilfreich ist und über die Veranstaltung hinausweist.

Prüfungsleistung 1: Das Strategiepapier

Sie können in Ihrer Veranstaltung sehr unterschiedliche Zielpunkte anpeilen. Vielleicht muss jemand ein Musikstück erlernen. Oder ein Seminar oder Workshop müssen zu einer Zusammenfassung gelangen. Ein Vortrag soll zu einem guten Abschluss finden. Vielleicht müssen am Ende verschiedene Teams Ihrer Zuhörerschaft eine Pinnwand gefüllt haben und präsentieren? Oder Ihre Teilnehmenden wollen eine Zertifizierung bestehen? Vielleicht kann eine oder mehrere meiner Ideen zum Abschluss der Veranstaltung hilfreich für Sie sein, und daher schauen wir nun etwas mehr im Detail darauf.

Sprechen wir in diesem Abschnitt nochmal etwas genauer über das Strategiepapier meiner Veranstaltung. Dieses erfordert intensive Bearbeitung und darf in meinem Fall einige Zeit nach Ende der Veranstaltung eingereicht werden. Wir arbeiten aber bereits in der Veranstaltung daran und sprechen viel darüber.

Diese intensive Begleitung und Vorbereitung lohnt sich. Das können Sie sicher auch auf Ihre Veranstaltung übertragen. Es könnte beispielsweise bedeuten, dass Sie genug Zeit einplanen, um von Pinnwand zu Pinnwand zu gehen und mit den Teilnehmenden vor einer Plenumspräsentation zu sprechen. Im Falle des Musikunterrichts könnten Sie gemeinsam die Vorspielsituation immer wieder erproben und simulieren … Ihnen fällt sicher noch besseres dazu ein. Fakt ist jedenfalls: Der Abschluss Ihrer Veranstaltung sollte nicht zu plötzlich und unvorbereitet kommen. Sonst geht Potenzial verloren. Auch das Ende eines Märchens, eines Narrativs, kommt in der Regel nicht plötzlich – es wird sorgsam vorbereitet und mit Spannung erwartet und dann erfüllt. Wir machen das genauso.

Das Strategiepapier muss für mich etwa zehn Seiten umfassen, ein Anhang ist möglich. Ein möglicher Aufbau des Strategiepapiers kann nach sogenannten Strategieschwerpunkten geschehen. Dazu investieren wir eine ganze Stunde, in der die Teilnehmenden sich noch einmal klarmachen, was es überhaupt heißt, „eine Strategie zu entwickeln".

Sie haben im Laufe des Semesters nun viele Informationen aufgenommen, jetzt heißt es, diese zu sortieren und zu entscheiden, was man tun möchte, beziehungsweise auch, was man eben unterlassen möchte, beziehungsweise was man bewusst nicht (mehr) tun möchte.

Gemeinsam mit den Teams verwende ich eine Stunde darauf, eine SWOT-Analyse zu machen, Strategieschwerpunkte zu entwickeln und ein „Mission Statement" zu formulieren. Hierbei hat es sich bewährt, die Teams nacheinander immer wieder zu besuchen und Ideen und Gedanken anzuhören und kurzes Feedback zu geben.

Natürlich möchte ich vermeiden, die Teams zu stark zu beeinflussen. Allerdings möchte ich aber auch verhindern, dass prinzipielle Fehler gemacht und die bis zur Zielerreichung mitgetragen werden. Beispielsweise geschieht es an dieser Stelle, dass ich darüber spreche, wie hilfreich ein positiv formuliertes Mission Statement sein kann, und wie stark es sich durch alle Aspekte der Strategiefindung und Implementierung hindurchziehen und auch den Mitarbeitenden als Leitfaden dienen kann. Ein Beispiel für ein weniger gelungenes Mission Statement wäre beispielsweise: „Raus aus dem Sumpf und hinein in die Zukunft". Denn mit einem solchen Mission Statement bewertet man die Arbeit der Domino-Mitarbeitenden in der Vergangenheit, was zu unnötigen Ressentiments führen kann. Ferner signalisiert man der Branche, dass die Ravenstein-Gruppe hier einen wenig wertvollen Kauf getätigt hat, da eine Analogie zwischen Domino und einem Sumpf entsteht. Sie sehen, dass hier natürlich auch persönliche Erfahrungen einfließen; dies wird Ihnen in Ihrer Veranstaltung an mancher Stelle ähnlich gehen.

Ungünstig wäre auch ein Mission Statement der Art: „The Zahn will never die". Zwar schmunzeln wir bei dieser James-Bond-inspirierten Zeile … wir haben es hier aber mit einem negativ formulierten Mission Statement zu tun. Das hat für mich etwas von einem Kind, das Radfahren lernt, und sich vornimmt: „Nicht gegen den Pfosten fahren, nicht gegen den Pfosten …". Sie ahnen, wie das ausgeht. Positiv formulieren. Das üben wir in vielen Iterationen.

Damit Sie sehen, wie detailliert ich das Strategiepapier im Allgemeinen in der Form vorgebe, habe ich Ihnen hier mein Beispiel für Ihre Inspiration beigefügt.

Vorgaben zum Strategiepapier
In diesem Abschnitt zeige ich Ihnen einmal beispielhaft die Informationen, die meine Teilnehmenden von mir erhalten. Hier sehen Sie also den Detailgrad – eine detaillierte Vorgabe hat sich bewährt – wobei ich aber erwähnen möchte, dass ich die Teilnehmenden ermutige, davon gerne gut begründet auch bewusst abzuweichen, wenn es sinnvoll scheint.

Hier also meine Vorgaben im Detail: *Bitte schreiben Sie insgesamt ca. 10 Seiten plus Anhang (im Anhang fügen Sie bitte bei: den One-Pager, Ihren Workflow, die Kostenstellenrechnung vorher/nachher, ggf. Weiteres).*
Der Aufbau:

- *Deckblatt: Ihr Name/Matrikelnr. etc.*
- *Seite 1:*
  - *Executive Summary (dies ist die Überschrift, darunter ein Block Gesamtzusammenfassung Ihrer Strategie, fett).*
  - *Inhaltsverzeichnis (z. B. können Sie die einzelnen Abteilungen zu Kapiteln machen oder Ihre Strategieschwerpunkte oder Themen wie Programmgestaltung/ Herstellung/E-Products/Branding …)*
- *Seite 2–8:*
  - *Hier arbeiten Sie die Kapitel zu den einzelnen Abteilungen oder Themen aus.*
  - *Das Inhaltsverzeichnis kann für das ganze Team identisch sein, die einzelnen Kapitel sollen Sie bitte selbst aus Ihrer Managementrolle heraus formulieren (Bewertung der Eigenleistung). Struktur = Teamleistung, Texte = Eigenleistung.*
- *Seiten 9–10:*
  - *Zusammenfassung: Was sind Ihre wichtigsten DOs und DON'Ts Ihrer Strategie? Was werden Sie tun, was bewusst nicht (mehr) tun? Können Sie dies auf jeweils Top 3 zusammenfassen?*

- *Was erreichen Sie damit für die Ravenstein-Gruppe/für Domino?*
- *Was ändert sich und wie sieht in etwa der Zeitplan für die Umsetzung aus? (Zeitstrahl kurzfristig/mittelfristig/ langfristig).*

Wichtig für die Bewertung:

- *Ich möchte Zahlen und Fakten sehen, nicht nur Worte; Arbeiten Sie viel mit Prozenten, grafischen Darstellungen, Plots, wo es nur geht.*
- *Halten Sie die ersten 10 Seiten des Strategiepapiers im A4-Format; eingefügte Grafiken sollten dieses Format nicht sprengen. Im Anhang können Sie andere Formate auf A4 abbilden.*
- *Ihr One-Pager gibt einen Style Ihrer Beratungsfirma und Ihrer Strategie vor; er ist wie ein Kondensat – verwenden Sie dies kohärent: verweisen Sie in Ihren Vorträgen und in Ihrem Strategiepapier immer wieder auf Ihren One-Pager.*
- *Verweisen Sie bei Bedarf aus den ersten 10 Seiten auf den Anhang, arbeiten Sie aber vorzugsweise mit Screenshots, die Sie in die 10 Seiten des Strategiepapiers einarbeiten (nicht jeder blättert nach hinten).*

Prüfungsleistung 2: Der One-Pager

Ein wichtiger Bestandteil des Strategiepapiers und die zweite schriftliche Leistung ist für mich auch der so genannte „One-Pager". Dies ist eine Darstellung der Strategie auf einer Seite. In Ihrer Veranstaltung könnte das eine Präsentation der Ergebnisse auf einem Poster sein – oder die Erstellung eines Symbols, eines Pitches oder Ähnliches.

Die Darstellung auf einem One-Pager hat für mich zwei Vorteile. Zum einen komprimieren die Teams ihre Strategie und stellen sie auf einer Seite kompakt da. Dies ist für die Genese einerseits und die spätere Erinnerungsarbeit andererseits gleichermaßen wertvoll.

Nicht zuletzt aber gibt es hinreichend viele Beispiele aus dem Alltag der Unternehmen, in denen es möglich ist oder genauer nötig ist, eine Strategie kompakt zu präsentieren. Dabei kann es auch einmal um die Beantragung hoher Budgets gehen, über die vor einem Management-Board innerhalb von fünf Minuten entschieden wird. Der „One-Pager" dient dann nicht zuletzt für zwei der drei Vortragsformate als Hintergrund oder Basis. Natürlich nicht auf der fiktiven Messe – dort möchte man nicht zu viele Interna diskutieren. Vor dem Management-Board und dem Vorgesetzten jedoch ist eine einseitige Darstellung der Strategie sehr nützlich.

Damit Sie sehen, wie detailliert ich den One-Pager im Allgemeinen in der Form vorgebe, habe ich Ihnen hier mein Beispiel für Ihre Inspiration beigefügt.

Der One-Pager im Detail

Hier zeige ich Ihnen den Detailgrad meiner Vorgaben für einen One-Pager, damit Sie sich gerne davon inspirieren lassen und dies für Ihre Veranstaltung ggf. anpassen können.

Dies gebe ich vor:

- *Ihr One-Pager ist eine einseitige Darstellung Ihrer Strategie.*
- *Das Format der einseitigen Darstellung ist frei wählbar.*
- *Googeln Sie One-Pager im Internet und schauen Sie sich Best-Practices an.*

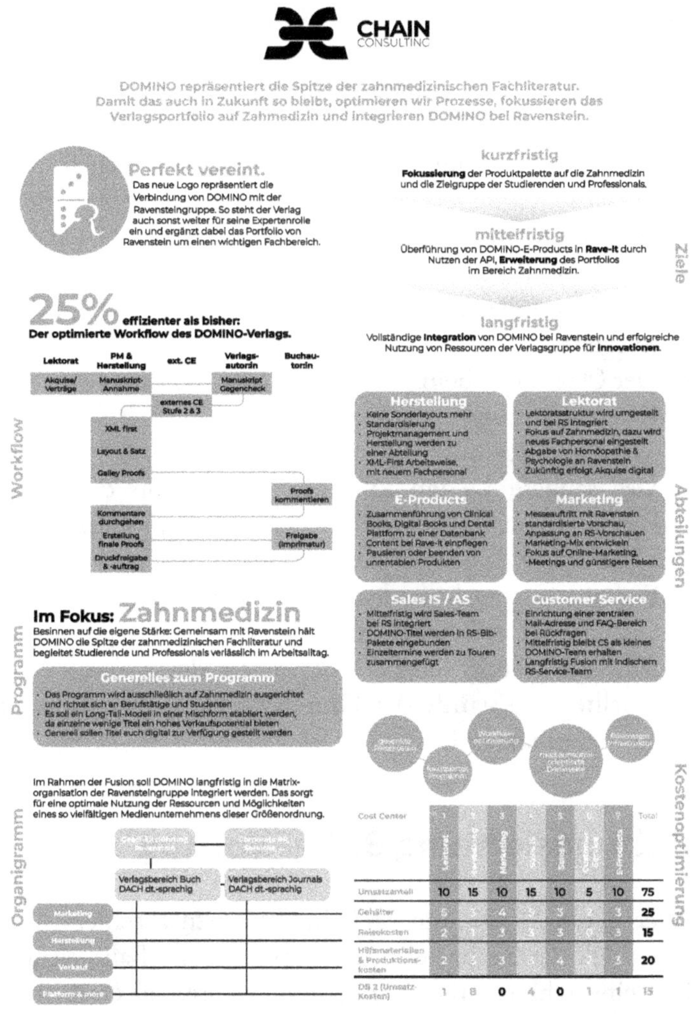

Schritt 8: Das Ende in Sicht – Wie Sie Ziel …

Abb. 1 Beispiel für einen One-Pager

Sie sehen gleich noch ein Beispiel für einen insgesamt recht gelungenen One-Pager (Abb. 1). Natürlich möchte ich Sie aber ermutigen, dieses nur als Inspiration zu sehen und sich selbst davon, passend zu Ihrer Veranstaltung, abzusetzen.

Daran positiv bewertet habe ich:

- Den guten und angemessenen Umgang mit Zahlen und Daten – man soll eben nicht nur qualitative, sondern bei einer Strategie auch quantitative Ziele aufweisen.
- Der One-Pager ist sehr dicht gestaltet, er hat aber eine gute Gliederung, die sich auch im Vortrag widerspiegelte.
- Der One-Pager beinhaltet auch einen Zeitplan.
- Klares Branding.
- Sauberes Gesamtdesign und -layout.
- Das saubere Design und die Präsentation des One-Pagers setzte sich auch im Strategiepapier fort: die Gliederung des Strategiepapiers und die verwendeten Farben entsprachen dem One-Pager. Es wurde mit Screenshots gearbeitet, die wie ein Lichtkegel nacheinander verschiedene Bereiche des One-Pagers erhellten. So wurde der One-Pager zur Landkarte und zum kompakten Überblick.

Prüfungsleistung 3: Der Vortrag

Aller guten Dinge sind drei. Im Märchen geschieht alles drei Mal. Aschenputtel reitet dreimal zum Ball (eigentlich eine sehr traurige Sache, dass sie dreimal erscheinen musste und dreimal nicht erkannt wurde – und der Prinz sie auch erst erkannte, als der Schuh passte ... es bleibt aber dennoch eines meiner Lieblingsmärchen und nach meinem Empfinden eines der meist verwendeten Motive in Buch und Film). Was bedeutet das für die Teilnehmenden und unser Narrativ? Drei Punkte auf einer PowerPoint-Folie machen sich gut. Drei Säulen führen zu

Stabilität – und in meiner Vorlesung gibt es außerdem drei Prüfungsleistungen.

Zwei haben wir eben in etwas mehr Detail betrachtet. Die dritte ist der individuelle Vortrag. Daher verwenden wir in meiner Veranstaltung auch genügend Zeit für die Vorbereitung der Vorträge.

Sprechen wir nun über diese Vorbereitung – auch im Hinblick darauf, dass dieses Format möglicherweise auch für Ihre Veranstaltung und die Zielerreichung Ihrer Teilnehmenden wertvoll sein könnte, da es sehr breit einsetzbar ist.

Eine weitere Stunde investiere ich vorbereitend darauf, über das Thema „Aufbau einer Keynote" beziehungsweise eines „Impulsvortrags" zu sprechen. Dabei diskutieren wir, wie wichtig es ist, die Zielgruppe im Auge zu behalten.

Helfen Sie auch Ihren Teilnehmenden, indem Sie sie folgende Fragen stellen lassen:

- Wer hört zu?
- Was wissen die Zuhörenden? Was interessiert Sie? Und was nicht?
- Was sollen sie von unserem Vortrag mitnehmen? Und wie gelingt uns dies am besten?

Dazu spreche ich zunächst theoretisch über gelungene Dramaturgien erinnernswerter Vorträge. Danach sehen wir uns gemeinsam ein Beispiel eines TED-Vortrags an. Dabei kommen wir auf das Thema „Einstieg in einen Vortrag" oder „Aufhänger". Dies stellt einen Schwerpunkt in meiner Vorbereitung dar. Meine Teilnehmenden sind im Allgemeinen vor Vorträgen sehr aufgeregt. Dies kann meines Erachtens Menschen jeden Alters betreffen.

Um einem Menschen, der leicht aufgeregt sein wird, die Aufregung zu nehmen und zugleich den Zuhörenden Freude zu bereiten und diese in unseren Vortrag hineinzuziehen, vermittle ich den Teilnehmenden den Wert und die Stärke einer guten Aufhängergeschichte.

Einen Aufhänger finden

Wir lernen also, dass eine eigene Begeisterung für bestimmte Hobbys, Länder, Ereignisse, Tiere, Menschen, Landschaften ... sinnvoll genutzt werden kann, um in einen Vortrag einzusteigen. Die Begeisterung, die die Vortragenden selbst dafür empfinden, senkt die anfängliche Aufregung, vermittelt Emotionen und zieht Vortragende und Zuhörende gleichermaßen positiv in das Vortragsthema hinein.

Dazu stelle ich meinen Studierenden die Fragen:

- Was berührt Sie wirklich?
- Wobei empfinden Sie starke Emotionen?
- Sind es vielleicht Kätzchen? Oder Elefanten? Eine Sportart, ein Hobby? Ein Ort? Eine Reise? Ein Mensch?

Fragen Sie sich als nächstes:

- Ist das, was Ihnen in den Sinn gekommen ist, professionell genug? (Sport funktioniert immer, ein Ort auch, eine Reise ebenso ...)
- Oder ist es privat, aber kann humorvoll verpackt werden? (Kätzchen beispielsweise – sie stehen für Weichheit und Süße, also keine Attribute einer Managementberatung; dennoch kann man sie humorvoll und sympathisch als Aufhänger nehmen)
- Oder ist es zu privat? (Beispielsweise die Beziehung zu einem Menschen oder etwas wie Spiele mit Kindern; dies steht für einen privaten und häuslichen Rahmen, bei dem zumindest Vorsicht geboten ist: Sie möchten

Schritt 8: Das Ende in Sicht – Wie Sie Ziel ...

als Managementberatung professionell und stark wahrgenommen werden. Humor ist gut, zu viel weiche Privatsphäre nicht so gut geeignet – hier gilt es, klug zu wählen).

Haben Sie ein Thema gefunden, das Sie ehrlich berührt und zugleich entweder stark, inspirierend oder humorvoll für Ihre Managementberatung stehen kann?
Dann brauchen wir als nächstes zwei weitere Zutaten:

- Finden Sie ein Bild, das Ihren Aufhänger klar und unmissverständlich darstellt. Das außerdem ästhetisch ansprechend ist, stark und inspirierend. Keine leichte Aufgabe? Sonst wäre es ja auch langweilig.
- Und finden Sie zweitens einen Übergang von Ihrem Aufhänger ins Thema.

Ein Beispiel:

- Sie haben an einen Wald gedacht. Wälder berühren Sie. Werden Sie noch konkreter. Wo und wann waren Sie das letzte Mal in einem Wald, der Sie sehr berührt hat? Wo genau haben Sie am meisten empfunden?
- Welches Bild kann das ausdrücken? Welches Bild kann zugleich stark und inspirierend auf Sie und Ihre Zuhörenden wirken? Wie kann es möglichst konkret und doch allgemein und ästhetisch sein?
- Wie gelangen Sie aus der kurzen (1-minütigen) Beschreibung Ihres Aufhängers ins Thema? (Bsp.: Sie berichten kurz von einem Waldspaziergang, der Sie sehr berührt hat. Dann leiten Sie über, beispielsweise: *Die Stärke, die dieser Baum hatte, war beeindruckend. Sehr berührt hat mich aber auch, dass aus seinem Stamm ein neuer Ast gewachsen ist. Er war noch klein, aber man konnte sehen, dass er eines Tages stark sein würde und den*

> *Baum im Ganzen unterstützen wird. Genauso sehen wir Ravenstein und Domino. Dank des starken Ravenstein-Baumes kann Domino in Zukunft wachsen und zu einem wichtigen Teil des Ganzen werden, der die Verlagsgruppe in Zukunft bereichern und unterstützen wird.*

Auch wenn mein Beispiel nicht perfekt ist – oder Sie vielleicht anders überleiten wollen: vielleicht nehmen Sie es doch gerne als Anlehnung, als Inspiration, von der Sie sich sehr gerne auch abheben sollen. Sie sehen: Man geht vom speziellen eigenen Aufhänger über eine Brücke einer Verallgemeinerung hinüber in den konkreten Fall, hier: die Verlagsgruppe, und betont dort die Analogie. Genau das können Sie mit Ihrem Beispiel auch tun. Mit Ihrer Stimme und in einer Weise, die Ihnen entspricht.

Achten Sie dabei auch darauf, was das Bild an Assoziationen weckt. Eine Studierendengruppe wählte einmal als Bild für Ravenstein eine Pflanze und identifizierte Domino mit einem Regenschirm über dieser. Hier wird Domino als zu mächtig und gleichwertig dargestellt. Das sollte nicht Ergebnis Ihres Bildes sein. Hier haben wir es mit einer großen etablierten Verlagsgruppe zu tun und einem unrentablen Verlag, der gekauft und gerettet wurde – das Bild sollte diese Rollen wertschätzend und adäquat widerspiegeln – und Respekt vermitteln.

Hierfür hat es sich auch als nützlich erwiesen, fiktive Schlagzeilen großer Boulevardzeitungen zu antizipieren, wenn bestimmte Inhalte auf einer Messe diskutiert würden. Ein Beispiel. Eine Studierendengruppe wählte einmal als Bild für die Ravenstein-Gruppe einen Baum – um den sich Domino als Efeu schlängelte. Das war natürlich ein suboptimales Bild. Denn Efeu wird (zu Unrecht) als Parasit wahrgenommen! Eine Boulevardpresse könnte also schreiben: „Verlagsgruppe setzt sich Parasit ins Fell!" oder ähnliches. Eine andere Studierendengruppe wählte einmal eine Eisenkette als Bild, in der ein Kettenglied verrostet war. Sie sagten dazu: Eine Kette ist nur so stark wie ihr schwächstes Glied. Die Boulevardpresse könnte titeln: „Verlagsgruppe kurz vorm Absturz" oder ähnlich. Ich denke, Sie können sich hier ihre eigenen humorvollen Gedanken machen.

Bei allem Spaß ist aber dabei wichtig: Wählen Sie im Bild als Repräsentanten für Ravenstein und Domino – oder für die Themen Ihres eigenen Vortrags oder den Vortrag Ihrer Teilnehmenden – immer Bilder, die positiv belegt sind. Efeu ist ein Parasit – so möchte niemand bei Domino gesehen werden. Auch die Verlagsgruppe möchte nicht den Eindruck gewinnen, man habe sich eine Laus in den Pelz gesetzt. Genauso bei der Kette: wie werden sich die Mitarbeitenden von Domino fühlen, wenn man sie mit einem rostigen Kettenglied identifiziert? Gehen Sie Ihrer Inspiration nach, aber prüfen Sie sie danach kritisch: sind alle Beteiligten positiv repräsentiert? Denn die Chance eines guten Aufhängers kann auch zum Verhängnis werden, wenn man sie nicht gut ausführt.

Was ist der Vorteil eines Aufhängers, wenn so viel Mühe mit der Suche danach verbunden ist? Der klare Vorteil ist, dass Sie so Zeit gewinnen, um im Vortrag anzukommen. Wenn Sie gleich zu Beginn mit harten Inhalten jonglieren müssen, wird Ihr Herz rasen und Ihre Hände beben. Vielleicht auch nicht, vielleicht sind Sie ja ein ganz entspannter Vortragender – ich aber gehöre eher zu den Menschen, die erstmal im Raum und vor dem Publikum ankommen müssen. Und da funktioniert kaum etwas besser, als sich selbst emotional zu überlisten. Während Sie über etwas sprechen, das Sie emotional berührt, fühlen Sie diese Emotionen – und verdrängen die Aufregung. Sie spüren Freude, Ergriffenheit, Liebe, Albernheit, Bewunderung – und nicht Aufregung. Und hat man erstmal eine Minute gesprochen, steht man schon ganz anders da: vor sich und dem Publikum. Dann gelingt der Rest auch viel besser.

Was gilt es noch zu beachten?

Das Publikum im Blick haben

Bei der Vorbereitung der Vorträge ist es mir ebenfalls sehr wichtig, gemeinsam zu diskutieren, welche Inhalte man auf einer Messe, beziehungsweise vor einem Management-Board oder einem Vorgesetzten diskutiert – und welche nicht. So ist es einem erfahrenen Vortragenden sicher klar, dass man auf einer Messe keine Firmeninterna diskutieren wird und schon gar keine kritische Eigenreflexion durchführt. Wohingegen genau das vor dem Management-Board gefragt sein kann. Dies ist für meine Teilnehmenden aber teilweise durchaus neu und muss intensiv diskutiert werden.

Wichtig ist es dabei, zu vermitteln, dass jedes Publikum eine bestimmte individuelle Erwartungshaltung und einen gewissen Wissensstand hat. Es wird sicher sehr unterschiedlich sein, was Menschen auf einer Messe hören wollen oder verstehen können, im Vergleich zu einem Management-Board einer Verlagsgruppe.

Gemeint ist hier nicht das Verzerren von Fakten, sondern vielmehr das Auswählen der Themen und Details. Eine Managementgruppe interessiert sich sehr dafür, was der Kauf des Domino-Verlags für die Verlagsgruppe bedeutet. Nicht so sehr interessiert sich die Managementgruppe dafür, wie im Detail die Neugestaltung des Domino-Verlags ablaufen soll. Das interessiert aber wiederum den Vorgesetzten. Denn auch wenn Dr. Schneider nur interim die Verlagsleitung von Domino übernommen hat, wird er doch detailliert verstehen wollen, wie die Pläne für die Umstrukturierung des Domino-Verlags lauten und wie sie umgesetzt werden sollen. Das Thema Implementierung der Strategie und Zeithorizont ist also hier in einer detaillierteren Form relevanter als es vor dem Management-Board oder gar auf der Messe ist. Auch möchte die Managementgruppe wiederum nicht nur inspirierende Sätze hören – was aber auf einer Messe durchaus den Schwerpunkt des Vortrags darstellen darf.

In meiner vergangenen Veranstaltung hat es sich aufgrund dieser Komplexität bewährt, vor dem eigentlichen Vortragstermin der Teilnehmenden noch einmal kurz mit jedem und jeder über den anstehenden Vortrag zu sprechen. Neben dem One-Pager hat zu diesem Zeitpunkt jedes Team auch ein einseitiges Bild herausgesucht, das die Strategie des Teams visuell untermalt. Diese Bilder sollen auch der kreative Aufhänger und Hintergrund für den Einstieg in den Vortrag auf der Messe sein.

Die individuellen Rücksprachen vor der eigentlichen Präsentation haben sich als sehr nützlich erwiesen und führen immer zu intensiven Gesprächen. Teilnehmende haben oft zurückgemeldet, dass Ihnen vieles von dem, was wir eben diskutiert haben, zuvor nicht so bewusst gewesen war. Denn es theoretisch zu hören oder zu lesen, ist eben doch etwas Anderes, als es aktiv selbst zu versuchen.

Schritt 9: Das Finale – Wie Sie die Ergebnisse präsentieren lassen

Ob Sie einen Vortrag halten, eine Unterrichtsstunde durchführen, einen Workshop oder eine Vorlesung halten – falls Sie ein Narrativ verwenden, werden Sie Ihre Teilnehmenden aktiviert haben wollen. Das heißt im Normalfall auch, dass es einen Abschluss gibt: eine Präsentation von Teamergebnissen oder Einzelvorträge, vielleicht wird etwas eingereicht – in jedem Fall aber findet eine Kulmination der Arbeit statt. Und im Normalfall sollen Einzelpersonen oder Teams etwas präsentieren.

Nach meiner Erfahrung ist es hierfür besonders hilfreich, schon im Vorneherein einen strengen Zeitplan aufzustellen, wann welches Team oder welcher Teilnehmende präsentiert. Eine Präsentation mit fester Zeit hat sich bewährt, ebenso die Planung einer kurzen Übergangsphase zwischen Präsentationen.

Ich warne meine Vortragenden, dass die Zeit sehr exakt eingehalten werden muss. Wenn die fünf Minuten der Präsentationen jeweils vorbei sind, lasse ich normalerweise ein Signal erklingen und weise darauf hin, dass die Zeit vorbei ist. Dann ist normalerweise nur noch ein abschließender Satz möglich.

Durch diese strenge Taktung erreicht man ein faires Vortragen. Jeder und jede wird gleich lang gehört und gesehen. Außerdem vermeiden Sie, dass Ihre Veranstaltung die geplante Zeit überschreitet (für mich ein klares No-Go). Meine Teilnehmenden können sich immer darauf verlassen, dass die Zeit eingehalten wird – sehr wichtig für die Motivation der einzelnen.

Das bedeutet, dass Sie selbst zwar intensiv zuhören werden, aber auch die Uhr immer im Auge behalten müssen. Wenn das für Sie zu viel auf einmal ist, suchen Sie sich jemanden, der für Sie die Uhr beobachtet und Sie informiert.

Auch wenn es etwas albern und gar unhöflich wirken mag, Ihre Teilnehmenden so zu unterbrechen: machen Sie es. Kündigen Sie es vorher an. Zeigen Sie, wie Ihr Signal klingen wird. Erklären Sie, dass es um Fairness geht und darum, die Zeit Ihrer Veranstaltung einzuhalten. Dann wirkt es nicht albern oder unhöflich, sondern respektvoll und professionell. Ganz unprofessionell hingegen ist es, wenn man Teilnehmende ausreden lässt, lange nachdem die Zeit überschritten wurde. Das erzeugt Unmut aufgrund von Ungleichbehandlung.

Noch eine abschließende Bemerkung: Es hat sich bewährt, genau zu kommunizieren, wie die Abschlusspräsentation zu halten ist. Und Ergebnisse festzuhalten. Für mich hat sich hier Excel als gutes Medium bewährt. Ich habe für jede Präsentation einer Person eine Zeile und viele Kommentarspalten vorgesehen und schreibe live Kommentare mit. Diese kann man später in einem Protokoll oder in Feedbackgesprächen hervorragend für Individualfeedback oder zur Erinnerung heranziehen.

Ergebnisse wahrnehmen und bewerten

Ich lade das Plenum ein, gesammelt an der vorletzten, der Präsentationsveranstaltung teilzunehmen. Hier sieht das Plenum erstmals die Unterschiedlichkeit der erarbeiteten Strategien und der möglichen Präsentationen. Auch dies bringt einen sehr spannenden und großen Lernerfolg mit sich. Das kann ich Ihnen für Ihre Veranstaltung auch nur empfehlen.

Bei der Präsentation bewerte ich viele verschiedene Parameter, so unter anderem das strenge Einhalten des Zeitrahmens, das Verwenden eines gelingenden emotionalen Einstiegs, der auch nicht zu dominant ist und zu viel Zeit einnimmt, die Zuhörenden dann aber doch abholt. Außerdem die Authentizität der Vortragenden und natürlich selbstverständlich die inhaltliche Tiefe, Auswahl und Passgenauigkeit für das entsprechende Vortragssetting.

Viele Teilnehmende verwenden als Hintergrundbild auf der Messe nicht nur das ausgewählte Symbolbild, sondern auch eine PowerPoint-Präsentation. Genauso verwenden Vortragende in entsprechenden anderen Szenarien (z. B. vor dem Management-Board) nicht nur den One-Pager, sondern zum Beispiel auch eine Power Point-Präsentation, die durch den One-Pager leitet. Dies ist für mich alles möglich und liegt im Ermessen der Teams und der einzelnen.

Die Vorträge werden von mir nicht direkt im Anschluss kommentiert oder bewertet, die individuelle Bewertung erfolgt mündlich in Einzelgesprächen. Dies ist recht aufwändig und muss im Zeitrahmen der Veranstaltung natürlich mit eingeplant werden. Pro Feedback und Teilnehmenden verwende ich etwa fünf bis sieben Minuten. Diese Ausführlichkeit wird von meinen Teilnehmenden im Allgemeinen sehr geschätzt.

Wie immer Ihr Vortrag oder Ihre Veranstaltung aussehen mag: planen Sie Zeit ein, Ihre Teilnehmenden zu Wort kommen zu lassen. Hier bereiten diese die Früchte der Veranstaltung vor, die sie gemeinsam ernten – sozusagen. Das gilt für einen Vortrag im Verein genauso wie für einen Workshop.

Schritt 10: Der letzte Schliff – Wie Sie Ihre Vorbereitung abrunden

Wir sind am Ende der zehn Schritte zu einer Veranstaltung mit Narrativ, Charakteren und starken Emotionen angelangt. Vielleicht haben Sie auf dem Weg Ideen gewonnen und eine spannende Geschichte mit Personen erdacht? Das würde mich sehr freuen. Vielleicht wollen Sie mir auch einmal schreiben und von Ihren Ideen erzählen? Sehr gerne, am liebsten an vespillner@gmail.com.

Was bleibt noch zu tun? Am Ende Ihrer Vorbereitung empfiehlt es sich, noch einmal aus der Vogelperspektive auf Ihre geplante Veranstaltung zu schauen. Was könnte schiefgehen? An welcher Ecke fühlen Sie sich noch unwohl?

Wenn ich zurückdenke, dann stand und fiel die Veranstaltung mit den handelnden Charakteren. Die Charaktere sind im Narrativ kein Beiwerk. Sie sind keine netten Kommentatoren oder Kommentatorinnen vom Spielfeldrand. Sie sind die Geschichte. Sie sind das Narrativ.

Wenn ihre Personen die Geschichte nicht vorantreiben, nicht verkörpern, dann haben sie das maximale Potenzial des Narrativs noch nicht ausgeschöpft. Was können Sie tun, um hier das Maximum für Ihre Veranstaltung herauszuholen?

Fragen Sie sich, wie es Ihnen mit den Personen geht. Fühlen Sie sich noch unwohl, die Personen oder eine davon zu verkörpern? Ist es Ihnen irgendwie peinlich? Das ist meines Erachtens ein Indiz dafür, dass etwas noch nicht stimmt. Finden Sie es heraus und ändern Sie es.

Ein Beispiel: Einer ihrer Charaktere soll ein blaues Monster sein, das immer albern kichert. Sie selbst kichern nicht gerne. Also ist es ihnen peinlich, die „Person" so darzustellen. Dann tun Sie es nicht! Verändern Sie etwas. Vielleicht ist das blaue Monster schon okay. Aber vielleicht wirkt es viel stärker, wenn es nicht kichert, sondern sehr ernst ist? Wie wäre es, wenn Sie Ihre Idee genau umkehren?

Vielleicht hilft Ihnen ein komplementärer Charakter, also einer, der genau gegenteilig ist zu dem Charakter, der Ihnen aktuell noch unangenehm ist. Vielleicht kann der komplementäre Charakter all das, was Sie rüberbringen möchten, dadurch, dass er oder sie das Gegenteil repräsentiert, auch darstellen? Vielleicht fällt es Ihnen dann viel leichter, diesen veränderten Charakter authentisch darzustellen.

Die Veranstaltung kann meines Erachtens nicht gelingen, wenn Ihnen die Darstellung einer Person oder eines Charakters unangenehm oder peinlich ist. Denn ihre Zuhörer und Zuhörerinnen, ihre Teilnehmenden werden das sofort erspüren und werden sich auch unangenehm fühlen. Eine meiner Studierenden sagte einmal zu mir: „Ich hatte erst Sorge, dass Ihre Veranstaltung ganz peinlich wird. Das war dann aber gar nicht so." Das habe ich als schönes Kompliment empfunden.

Mein Tipp also: Stellen Sie sicher, dass Sie sich mit Ihren Charakteren identifizieren oder diese zumindest ohne Unbehagen darstellen können. Ändern Sie sie sonst nochmals.

Eine weitere Frage ist, wie Sie die Veranstaltung beenden wollen. Der erste und letzte Eindruck zählt. Im Leben wie bei Veranstaltungen. Also planen Sie es genau. Überlassen Sie das Ende nicht dem Zufall, davon kann ich nur abraten.

Ganz konkret: Den Abschluss planen

In der letzten Stunde meiner Veranstaltung, am Ende des Narrativs, geht es im Prinzip um die Klärung letzter Fragen und einen Rückblick. Wir schauen nochmal im Plenum gemeinsam zurück. Noch einmal besprechen wir, wo wir waren, wen wir kennen gelernt haben. Wir sprechen über besondere Ereignisse, die im Rahmen des Kurses geschehen sind. Hat Frau Schäfer den Betriebsrat gerufen? Hat ein Team dem amerikanischen Chef der elektronischen Produkte Corey Sands zu gutgläubig abgenommen, er könne alle Produkte noch einmal in einer neuen Programmiersprache erstellen?

Was haben wir aus den Vorträgen gelernt? Hierzu bringe ich einige anonymisierte Beispiele, was nach meiner Meinung besonders gut gelungen ist, beziehungsweise wo noch Potenzial ist. Die Beispiele stammen aus den Vorträgen der Teilnehmenden, ich nenne aber keine Namen und entfremde die Inhalte des Beispiels so, dass nicht deutlich wird, über welchen Vortragenden ich hier spreche. Dennoch gibt es viel zu lernen und diese Reflektionsphase halte ich für sehr nützlich.

Am Ende erzähle ich noch, wie in einer ähnlichen Situation oder in ähnlichen Situationen in der Branche oftmals mit bestimmten Herausforderungen umgegangen oder darauf eingegangen wird. Ich betone, dass einige der in der Veranstaltung gefundenen Lösungen großes Potenzial haben und ich dies in der Realität auch sehr gerne einmal umgesetzt sehen würde.

Am Ende löse ich auch auf, dass Herr Dr. Schneider und die Ravenstein-Gruppe nicht „eines" der Teams auswählen werden, um zukünftig den Domino-Verlag zu leiten – sondern allen Teilnehmenden interessante Jobangebote machen werden. Ich verweise noch einmal darauf, was ich in der ersten Stunde bereits gesagt habe: dass wir es in diesem Punkt mit einem reinen fiktiven Setting zu tun hatten. In der Realität wäre eine Person zuständig gewesen für die Aufgabe, die hier ein Team übernommen hat: das Erstellen einer Strategie für einen akquirierten Verlag.

Hätte diese Person einen Strategieplan vorgestellt, der schließlich vom Management-Board akzeptiert worden wäre, so hätte die Person in ihrem Amt weiter aktiv sein können. Es wäre dann ein Abschluss der sogenannten 100 Tage gewesen. Nun läge die konkrete Umsetzung und Implementierungsphase vor den Teilnehmenden.

In einer meiner Veranstaltungen hatte ich mir einmal die Mühe gemacht, den einzelnen Teams zukünftige konkrete Aufgaben in der Ravenstein-Gruppe vorzuschlagen (wie Leitung Kommunikation o. Ä.), und zwar nach Stärken des jeweiligen Teams. Dies ist ein möglicherweise unterhaltsamer und netter Zusatzbonus, der aber meines Erachtens keinen gesteigerten didaktischen Wert besaß. Es genügt, das Geschehen in der oben genannten Weise noch einmal zu reflektieren und allen für ihre Arbeit zu danken.

Wie sollte also Ihr Abschluss aussehen? Planen Sie ihn genau und improvisieren Sie nicht. Lassen Sie die

Teilnehmenden nach der langen Reise nicht hängen. Enden Sie nicht mit losen Fäden und einem Achselzucken – außer Sie wollen genau das tun – sondern finden Sie ein klares Ende, das der Erwartung der ersten Stunde entspricht.

Was wird das in Ihrem Fall sein? Eine Abschlussfrage? Eine Hausaufgabe? Ein Rätsel? Ein inspirierendes Zitat, das durch die Ergebnisse gestärkt oder ergänzt wird?

Lassen Sie das Ende jedenfalls keineswegs unabhängig von den Arbeitsergebnissen Ihrer Teilnehmenden sein. Alle müssen deutlich erleben, dass sie zum konkreten Ende beigetragen haben! Denken Sie an das frustrierende Beispiel mit dem Firmenflugzeug, das ich Ihnen am Anfang genannt hatte. Wir alle durften nur in der Generalprobe selbst lenken, das Ergebnis stand jedoch fest und eine KI steuerte das Flugzeug in der Schlussrunde. Wir hatten also tatsächlich keinen Einfluss und ich fühlte mich machtlos und wertlos. Das möchten Sie Ihren Teilnehmenden nicht vermitteln.

Bereiten Sie also einen Ergebnisraum vor – eine Bühne, auf der alle Ergebnisse erscheinen dürfen; und lassen Sie das Ende dynamisch durch Ihre Teilnehmenden entstehen. Trotzdem: die „Form der Bühne", die „Beleuchtung" und Dauer sollten Sie ganz genau planen.

Abschließende Bemerkung: Alles wie bei Rotkäppchen?

Was passiert am Ende des Rotkäppchen-Märchens? Der Wolf ist tot, die Gefahr ist agebannt, Großmutter und Rotkäppchen sind gerettet und das Rotkäppchen wird nach Hause gebracht. Vom Jäger, der alles wieder ins Lot gebracht hat. Ist das hier genauso?

In meiner Veranstaltung ist das Ende offener. Zwar haben wir den Spannungsbogen geschlossen: Die Vorträge sind gehalten, die Arbeit der Teams ist beendet. Aber es bleibt doch, naturgemäß, offen, ob jetzt alles gut werden wird. Das können Sie in Ihrer Veranstaltung ja auch bewusst für sich nutzen: Als Cliffhanger fürs nächste Mal oder für eine Fortsetzung.

Oder als Frage ans Plenum, die man nach Hause nehmen und über die man noch nachdenken und diskutieren darf. Vielleicht wird bei Ihnen auch alles glasklar ausgehen, der Bösewicht wird besiegt oder gewinnt. Das entscheiden Sie!

Wir jedenfalls sind hier am Ende angelangt – und vielleicht am Anfang Ihrer Veranstaltung! Ich freue mich, wenn ich Ihnen kreative Anstöße geben und Inspiration bieten konnte. Vielleicht verwenden auch Sie zukünftig ein Narrativ und sammeln damit spannende Erfahrungen. Ich wünsche Ihnen dafür viel Mut und Freude und Ihren Teilnehmenden spannende, peinliche, lustige und unvergessliche Momente. Alles Gute!

GPSR Compliance
The European Union's (EU) General Product Safety Regulation (GPSR) is a set of rules that requires consumer products to be safe and our obligations to ensure this.

If you have any concerns about our products, you can contact us on

ProductSafety@springernature.com

In case Publisher is established outside the EU, the EU authorized representative is:

Springer Nature Customer Service Center GmbH
Europaplatz 3
69115 Heidelberg, Germany

www.ingramcontent.com/pod-product-compliance
Lightning Source LLC
LaVergne TN
LVHW020348260326
834688LV00045B/1593